A EXCELLENTE ET
VERTVEVSE DAMOYSELLE, MA
Damoyselle la Tresoriere de Raconis,
Marie Oliuier, Parisienne,   S.

Ie cognoy par experience, ma
Damoiselle, que le plus grand
soin que puissent, & doiuent
auoir les peres de famille, de
quelque qualité qu'ilz soient,
est d'habituer leurs enfans à bonnes meurs,
dés leur petite ieunesse: pour puis apres, selon
leur croissance, & capacité de leurs espritz,
les y confirmer par bonnes lettres & doctrine. A fin que, paruenuz en aage meur, ilz
puissent seruir d'exemple à la posterité, &
en ce faisant, emporter, entre les hommes, vn
honneur & renommée perpetuelle, vray salaire de vertu. Et pource que plusieurs personnes se trompent en ceste premiere habitude, tant par faute de cognoistre certainement les fondementz, que aussi laissant quelquefoys la bride trop longue à leurs enfans,

EPISTRE.

en souffrant leurs seruiteurs, & autres, & bien souuent eux mesmes, se former vne image de vain plaisir en ceste petite ieunesse, leur aprenant des gestes, & parolles salles & indecentes à toute persone, de quelque aage que ce soit, chose fort pernicieuse : pour-ce qu'il est plus difficile de leur desacoustumer ces vilenies, desquelles ilz voyent rire, qu'il ne seroit à leur apprendre quelque chose de bon: Et ne trouuant point que par cy deuant vn seul homme de nostre France, se soit auancé de donner par escript, le chemin que deuons tenir, pour paruenir à l'aquisition de ces bonnes meurs, ie me suis adreßé aux estrangers, parmy lesquelz, i'ay trouué Mathieu Palmier en auoir si bien & saintement descrit, en la Vie Ciuile, commeçant des la naissance de l'enfant, & continuant iusques au dernier iour de l'aage descrepit, que le trouuant traduit par Claude des Rosiers, & le conferant auec son exemplaire il m'a pris vn fort grant desir, en le racoustrant en la pluspart du sens & des periodes, de le faire François, pour le bien commun de nostre nation. Et par mesme moyen, pour-ce que ie me sens tant obligé à vous, & aux vostres, pour le bien &

bonhonneur que i'ay receu de tout temps, & encores iournellement de monseigneur le Tresorier, ie n'ay voulu le mettre en lumiere, sans vous en faire le premier present: non pas à fin qu'il vous serue d'exemplaire, à l'instruction de vostre petit peuple: car vous estes si bien née, & douée de tant de graces, que vous n'auez besoing d'estre enseignée pour vous, ny pour les vostres: mais c'est en recognoissance de tant de bien-faictz, qui me viennent de vostre part: Et aussi à fin que chacun se mette à le lire, le voyant adressé à la Damoyselle, qui a le bruit, & à bon droit, entre les autres, de bien gouuerner sa maison. Ie vous suply doncq' le receuoir d'aussi bon cœur, qu'il vous est presenté, de par

Vostre plus humble & obeïssant
Claude Gruget.

ESTIENNE IODELLE
Seigneur du Limodin.

Ayant naguiere tant d'entrées
En tant de liures rencontrées
Qui de mon nom s'orgueillissoient:
I'eu peur qu'on pensast mon office
N'estre que faire vn Frontispice
A tous les œuures qui naissoient:
I'eu peur que la tourbe grossiere
Qui voit si long tens qu'en lumiere
Mes œuures ie ne vois lachant
Ne gronde que par ceste ruze
D'escrire en tous liures, ma Muse
Veut se montrer en se cachant:
I'eu peur qu'on trouuast menteresse
L'entrée recommanderesse
En quelques lieux ou iustement
On eust ris de mon iugement:
I'eu peur, veu ton ingratitude
(Lecteur François encore rude)
Que tu prinsses la liberté
De me iuger en peu de chose
     Auant

ODE.

Auant que t'estre espouanté
Quelque fois de cela que i'ose.
  Allors d'vn serment equitable
Ma main deuant trop charitable
Vint sur ma poitrine accorder
De iamais pour aucun n'escrire,
Ains à ceux la qui doiuent lire
Laisser l'œuure recommander:
Mais tout soudain vne priere
A peu rendre ma foy legiere
Qui mesme m'a forcé plus fort,
Tant pour le beau tiltre du liure,
Que pource que cil qui le liure
Ne le liure qu'apres sa mort.
I'ayme mieux embrasser la gloire
Des morts, & garder leur memoire
Que des viuans, tant i'ay grand peur
D'estre veu flateur & trompeur,
Et tant ceux d'auiourduy me fachent,
Qui deslors que leurs plumes lachent
Quelque trait, soit mauuais ou bon,
En lumiere le vont produire,
Pour souuent auec leur renon
Leurs pauures imprimeurs destruire.
  Or si celuy qui est sans vie
Doit estre aussi sans nulle enuie,
                        Et si

ODE.

Et si l'escriture des morts
Qui ne peut plus estre amendée,
Ne doit point estre brocardée
Nous contentant de ses efforts:
Si rien n'est or plus necessaire,
Et aux grands & au populaire
Parmy tant de troubles divers
Qui vont tempestans dans nos villes,
Que voir les polices civiles
Seule bride de l'Vnivers,
Tant pour ce subiet profitable,
Que pour la memoire honorable
De des-Rosiers, qui d'vn grand heur
A traduit ce docte labeur,
Ie te pry, lecteur, que ta grace
Soit telle enuers luy, qu'elle efface
(En le louant obstinément)
Mon inconstance, & ceste iniure
Que ie vien de faire au serment
Que ténir desormais ie iure.

FIN.

LE PREMIER LIVRE
DE LA VIE CIVILE DE
MAISTRE MATHIEV PALMIER,
à Maistre Alexandre des Alexandres,
traduit par Claude des Rosiers.

L'An du salut des Chrestiens. Mil quatre cent trente, le ciel espandit vne influence de peste mortelle sur la cité de Florence, auquel téps nous estions vn nombre de ieunes hommes cōtentz en vn mesme desir, estudiās es meilleures lettres & disciplines soubz vn tresbon precepteur: voire si ardemment que l'indisposition presente & cest aër ainsi corrompu nous causent vne grande fascherie craignans qu'elle eust peu estre cause de nous priuer de ce contentemēt & decoration que nous iugeons nous deuoir acompagner tout le reste de nostre vie. Et certainement si l'obeissance deue aux peres ne nous eust forcez l'indisposition de lair & le danger de la maladie n'eust peu rompre nostre honneste societé : mais ceste reuerence naturelle nous departit nō sans quelques larmes. Toutesfois Loys Guychardin & Franc. sichet deux ieunes hommes esquelz nostre cité auoit bonne esperance dexcelente vertu ne voulans habandonner du tout les lettres ny moy, à cause de nostre estroitte amytié & du plaisir que nous receuions ensemblement vindrent

A auec

auecques moy à Mugel qui estoit le plus prochain lieu de la ville & plus sain que nul autre d'alentour. Et à ceste cause plus peuplé, d'autres honnestes citoyens, que le mauuais aër de la ville auoit chassé. Nous n'y auions encores gueres seiourné quãd nous trouuasmes le seigneur Ange Pandelfin (personnage des plus doctes & vertueux) qui souuent sortoit de la ville à cheual pour se recreer, & s'alloit iouer es villages circonuoysins. Nous qui le cognoissions & n'esperans peu de gaing de sa personne ne desirions que tousiours aprendre & profiter, parquoy nous le priasmes bien affectueusement de demeurer & prendre la patience auecques nous. Ce qui ne fut dificile a obtenir à cause de la conformite de noz honnestes exertions auec son grant sçauoir ce qui communement amene vne mutuelle amytié entre les hommes studieux. Quoy accordé nous le menasmes au logis ou les premiers propos furent de nous enquerir à luy de ce qui se faisoit en la ville, & luy de nous demander que nous faisions en ce vilage: lesquelles inquisitions de part & d'autre nous deroboient vne partie de la matinée. Apres nous mismes à disputer plus sobrement & moderement qu'en superfluité & delices: & les tables leuées Ange commença ainsi. Messeigneurs à ce que ie voy vous aurez plus grand plaisir de vostre estude en ce rustique loysir que ne sont en la ville plusieurs ieunes gés de vostre sorte, lesquelz enclins aux delices du corps perdent leur vie en actes seruiles

&

& pleins de lasciues voluptez. Vous autres (comme ie puis entēdre) vaquez à reueſtir voz eſpritz du vray habit de vertu acomplie: enquoy ie vous conſeille d'antammer afin que vous en ſoyez decorez, les voſtres en ſentent profit & voſtre pays en ſoit ſeruy & ſecouru Franc. Tous nous donnez tant de louanges que nous cognoiſſons bien n'auoir ce que nous atribuons: mais cela vient de l'amour que nous portez qui vous faict croire que ſommes telz que vous dictes. Nous ſommes icy ieunes, ſeulz, ſans maiſtre qui bien ſouuent nous adōnons a contemplation neceſſaire à la vraye vie ciuile, & peut eſtre imaginons nous quelque choſe non impertinente. Toutefois noz forces ne ſuffiſent à enfoncer tout ce qui en peult eſtre ny a demeſler les difficultez plus perſonnelles. Ainſi de noſtre reſolution nous ſemble que le droit viure politic depende plus de l'exemple des gens de bien que de propre nature: Parquoy mon auis eſt que nous y auons peu de puiſſance. Et toutesfois ce nous ſeroit vn grant profit & choſe louable ſi vous nous monſtriez les moyens de bien viure. Ange. Ie ne pourrois pas dire grand choſe deuant vous qui auez beaucoup veu, dautāt que le grand eſtu de inſtruit grandement à bien viure moyennant que la diſcretion nature11e n'y defaille.

Le bien viure eſt le plus hault degré des œu- *Bien viu-* ures humaines: & ne peult perſonne bien viure *re.* s'il ne refrene les paſsions de ſon eſprit: ce qu'à grand peine pourra faire celuy qui vit ſans doctrine des dannateurs approuuez. Vous qui tous iours auez vescu par bonne reigle & exercé voz espritz. Mes enseignemés receuz de bien & honnestement viure, certainement vous pourrez dire auoir bien vescu, quãd selon verité exercerez les estatz publiques qui attendẽt en vous l'aage (auquel ie ne trouue maintenãt) y paruenãt par voz bõnes mœurs & sage conduitte. Loys vous nons louez prudemment selon la sentence de ceux qui afferment que la vertu s'augmente d'estre louée & que les choses, combien que nobles & dignes s'aniantissent si elles ne sont estimées selon leur merite: mais pour certain l'amour fait que vous nous prisez ainsi dauantage. Toutesfois nous cognoissons bien que noz estudes ne meritent pas si grand louenge de vous, qui sans la verru consister en l'œuure. Ange. Ie ne croy pas que la lecture vous face mieux viure, ny aussi plus vertueux: par ce que la fin de tout bien n'est pas en l'intelligence seulement, ains à en vser selon la cognoissance(Car quand vn homme scait plus, d'autant est il plus vicieux s'il s'adonne aux appetiz desordonnez. Vray est que Dieu à semé vne lumiere en tous les entendemens humains, laquelle sans autre discipline exterieure, rend l'homme suffisant à bien & iustement viure : Loys il m'est auis que vous entrez en propos qui meriteroient autres auditeurs: & pour ceste heure ie ne les pourrois pas porter: Si voys ie bien qu'ilz seroient recreatifz & profitables à ordõner la vie des ieunes hommes, si vous

les

les conduifez iufques à cognoiftre les degrez de la muance des paffages. Ange. Certainement la voye nous eft fi claire que fa trop grande lumiere l'éblouyt: & eft fi longue qu'à prefent vous donneroit ennuy de la chercher. Mais vous eflirez temps plus commode, & fuyuant en celà la nature des vieillardz qui font prolixes en leurs deuis de ce qu'é toute leur vie ont recueilly, foit faitz ou en ditz, vous demonftreray ce qui eft requis pour toute la vie de chacun citoyen vertueux, felõ les doctrines approuuées par noz anceftres treffauans. Franc. vous me feriez trop grande grace & femblablemét comme ie croy à mefsire Loys de vous difpofer à ce dont la reueréce que ie vous porte m'empefchoit de vous ofay feulement requerir. I'ay toufiours ouy dire qu'il vault mieux prendre le bien prefent que d'atendre tant que lon foit au danger de le perdre. Parquoy ie vous prie que s'il fe peult faire auec voftre commodité, vous pourfuyuiez ainfi que nagueres nous auez dit, en maniere que foyons contens, & vous deliure de voftre promeffe fi liberalement faicte: nous auons difné, le lieu eft aifé & efquarté, le iour eft fort long, les affaires & negoces font remifes à Floréce: & nous auez dict que n'eftes couftumier dormir le iour: parquoy ne fçay que peufsions mieux faire, ne faifant autre chofe. Loys. Ie fuis de lopinion de Franc. Ange. Ie ne fçay d'ou celà vient que les chofes grandes fe dient beaucoup mieux à plufieurs qu'à peu: & pource apellez ces ieunes en-

A iii fans

fans de ceans: car l'ouyr leur fera encores trefvtile, & fi en parleray plus voluntiers. Alors nous apellafmes noz neueuz & autres ieunes enfans eftans auec eux, lefquelz rengez en ordre, Ange fit figne de vouloir parler, mais vn de ces ieunes preuint & dict: Pere puis que nous auez fait apeller, faites ie vous prie chofes que nous entendions ce que dires. Ange. Dieu te benye mon enfant qui as fi bien parlé, ie te prometz que m'efforceray faire en forte que m'entenderez tous, & aprendrez à eftre bons, fi vous eftes diligens à m'ecouter: toutesfois s'il auient que ie die chofe propre à ces grands vous aurez patiéce, & puis ie retourneray incontinent à vous autres. Tous refpondirent, nous fommes contens. Alors Ange commença en cefte maniere. Franc, & vous Loys fachez qu'entre les chofes humaines il ne s'en trouue point plus defirée des hommes que le bien viure: mais pource que la vie eft cōfufe entre plufieurs faulfes opinions, & obferuent de diuerfes tenebres, peu fe trouuent qui ne commettent quelques erreurs.

Donc outre de ceft erreur, il fault premierement demander faueur à Dieu, puis à cefte philofophie qui adminiftre les vertus & forme de bien viure aux hommes. Cefte faueur promet non petites chofes à ceux qui la fuyuent: mais la plus grande & meilleure de toutes, eft de faire les hōmes bien eureux, s'ilz ne s'abandonnent eux mefmes. A parler de fes commandemens, il y a eu entre les fçauans diuerfes confiderations: au

moyen

moyen dequoy ilz ont par plusieurs voyes donné doctrine de bien & vertueusement viure: toutes lesquelles sont plustost propres à enseigner ceux qui desia auroient esté apris qu'à conduire celuy qui seroit encores grossier: par ce qu'il y en à aucuns qui ont parlé par paraboles, autres souz couuertures poëtiques, autres ont tissu histoires amplifiées, & autres auec enseignemens brobables, & vrayes raisons ont monstré ce qui est principalement conuenable aux coustumes de bien viure. Ayant doncques desir de parler pour l'vtilité d'entre vous ieunes hommes, i'ay pensé de prendre vne voye qui vous soit agreable, & si claire que chacun en puisse retirer quelque fruit. Parquoy oyez & retenez, car tout nostre propos ne seruira qu'à monstrer quelles doiuent estre les coustumes & vertus d'vn bon citoyen durant ceste mortelle vie. Et pour ne confondre nostre discours, afin que le plus qu'il sera possible vous puissiez clerement entendre suyuans l'ordre tresmanifeste de nature, nous prendrons vn enfant nouuellement nay, & le conduirons iusques en vieillesse & au terme de son aage, recitant ce qui est bien seant à chacun pour chacun aage, & en quelque degré ou dignité qu'il se trouue. Loys. Ceste voye m'est tát agreable que ie sçaurois l'expliquer: car tous iusques à ces petis enfans l'entendront, & ne croy pas qu'on la peust mieux ordonner: Car en montant de degré en autre, & ayans premierement apris les choses moindres, nous serons faiz plus

A iiii suffisans

suffisans à entendre les plus grandes. Pourfuyuez doncques ie vous prie, car vne heure nous semble mil ans, pour la promesse que nous auez faicte de dire & enseigner vne doctrine qui rend les hommes bien heureux. Ange. Ie vous voy tous disposez à oyr: qui me fait estimer que plus aisement ferez fruit. Or sus commençons auec le nom de Dieu.

Le pere doit auoir bonne opinion de ses enfãs.

Le pere à qui sera nay le filz, auant toutes choses ayt de luy parfaicte esperance qu'il doiue estre vertueux & digne entre les hommes: pource qu'autrement se seroit temps perdu d'amonnester, & vouloir donner vertu à ceux qui seroient iugez deuoir deuenir mauuais : aussi lesperit & volunté du pere ne se daigneroit trauailler à l'endroit de ceux ausquelz il n'esperera quelque fruit. Et pource chacun doit cognoistre, que comme nature à fait les oyseaux aptes à voller, les cheureaulz pour courir, & les bestes sauuages pour estre cruelles, ainsi à fait l'homme propre & prompt à aprendre & exerciter l'esprit en choses dignes & subtiles : parquoy se veoit souuent l'origine de noz esperitz estre donné de Dieu par puissance & vertu celeste.

Quand aucunefois se trouuent hommes rudes d'entendement grossiers & non propres à receuoir aucune doctrine, on les estime ne sentir rien de la nature des hommes & estre nez monstrueux & semblables aux bestes, à la misere desquelz se doit raisonnablement auoir compassion. Estant donc le pere disposé à honorer la vie

de

DE LA VIE CIVILLE. 5

de son filz de toute vertueuse coustume, qu'il cognoisse que son premier aage n'à aucune puissance, ains à besoing de l'ayde & geuuernement d'autruy. Parquoy la premiere diligence du pere est l'election de la nourrisse. Dequoy auant tout œuure deueroit seruir le laict de la propre mere, & de tant plus qu'elle seroit grande dame plus noble & bien aprise le deuroit elle faire, aussi il y en à sentence aprouuée par les anciens que les meres nobles refusans d'allaicter leurs propres enfans meritent la hayne d'iceux. La nature perfaicte, produicte de toutes choses à resemblé au ventre de chacune femme grosse vn sang vif & vertueux pour former la creature, & luy donner nourrissement iusques au vray terme d'enfantement, lequel temps venu & n'estant plus necessaire en ceste partie, Interieure il s'adresse aux exterieures, à sçauoir en l'estomach maternel, à fin que sortant hors le serne de conuenable & naturel nourrissement à la creature née, tout ainsi qu'elle l'auoit dedans le propre ventre de sa mere. De la vient que tout nourrissement venāt d'autre que de la mesme mere, est moins que sufisant à cōsiderer la vertu naturelle des petis enfans. Si ne croit on pas pourtant que souuentefois il auienne de cela que les enfans soient differendz aux coustumes paternelles, par ce que le contraire na particuliere preuue, & ne se peult sçauoir si nourry de la bonne mere il seroit meilleur. Toutesfois la similitude de plusieurs autres choses nous en deuroit rendre certains. L'experience

La mere doit alleter son enfant.

perience demonstre que l'aigneau de la brebis blanche, nourry par la noire s'ennoircist & bigarre la layne. L'aigueau nourry par vne chieure, non seulement engrossist & rend plus ferme le delicat poil, mais encores desseiche le corps, & prend les coustumes, & la voix de la chieure. Semblablement le cheureau nourry par la brebis, s'acómode à plusieurs cóplexions de la nourrisse. Telle varieté non seulement apparoist es vifz animaux, mais encor plus clairement aux plantes transportées. Ne se fault doncq' esmerueiller, si bien souuent vn corps bien formé, & vn esprit tresbien disposé de la nature paternelle, est corrompu est prompt à vne, par la malice & corruption des nourrisses. Lon trouue bien souuent es nourrisses de fort vicieuses complexions, comme colaire, eschauffement de sang, naturelles melancolies & espritz mornes & endormis. Plusieurs sont yures auant que d'estre vestues, elles sont ordes, dissolues, corrompues de toutes bonnes meurs, & remplies d'humeurs pourries & lesquelles, sans neantmoins estre considerées des peres temeraires, allaictant les enfans nobles & biennéz. Que pourroit lon faire pis aux petis enfans, que les mettre entre les mains des Tartares sarrazins, Barbares, ou autre bestialle & furiense nation, sans auoir esgard à celuy qu'on veult esleuer? De ces occasions les tressages & expers medecins trouuent que souuentesfois procedent les meurs precipitées, les contagions vniuerselles du corps humain, & la difference

de

Vice des nourrisse.

DE LA VIE CIVILLE.

de noz entendemens & complexions à celles de noz anciens. Dient outre les philosophes que de celà procede la diminution comme que naturellement l'enfant doit à la mere, pource que l'ardent desir de l'amour du filz (qui seulemēt doit estre surmōté de l'amour de la mere) se desioint, s'adonnant en pattie à la nourrisse, laquelle trāsforme en soy le petit enfant iusques à se faire appeller mere. Il espere en elle & luy demāde tout ce qui est necessaire à son premier aage. Outre s'il auient que les enfans venant à croistre n'ont à la mere ceste sincere amour, & vnion de continuelle dilection, mais plustost retiennēt par opinion vne certaine beneuolence née auec leur nourriture, ainsi qu'il leur est recité par ceux auec lesquelz ilz conuersent. Le deuoir donc de toute honorable mere requiert qu'elle donne la mamelle à son enfant, & luy subuenir de toute charitable administration, & quand aux autres exercices qui sont seruilles, deputera les chamberieres qui auront la solicitude de son repos. Mais pource que la coustume fait que plusieurs enfans sont donnez par les meres à des nourrisses, est besoing vous dire celles qui doiuent estre preferées. La premiere consideration est qu'elles soient bien moriginées & saines. Desquelles choses, la premiere regarde le salut de l'entendement, & l'ornement de la vie. La seconde, la santé & disposition du corps. Le laict soit abondant, & nouuel, ieune d'aage, le mary loing, les exercices non penibles, ny aussi paresseuse, sans passion,

Qu'elle doit estre la nourrisse.

passion, ioyeuse en son port & maintien, lenfant, & desire en auoir louange: ne soit begue, ne parlant vicieusement, de paour que l'enfant ne suyue ce defsault qui venant en aage) luy fust difficile & fascheux à laisser. Franc. Il nous semble que vous auez suffisammét discouru sur la nourrisse, maintenant vous nons ferez tresgrand plaisir, en nous monstrant si l'enfant peult receuoir quelque faueur de vostre maternel. Ange. Ie n'entendois que vous móstrer quelle est la meilleure vie ciuile, & pour ce faire commencer seulement au mesme iour que l'enfant est mis sur terre, pource que parlant de quelque autre chose qui procedast ce iour, ie craignois qu'on se mocquast de moy: mais puis que ie suis stimulé i'en diray ce que i'en sçais, bien que peu necessaires à nostre propos. Les medecins donnent plusieurs enseignemens à disposer vne femme non apte à la generation, lesquelz tous raporter seroit hors nostre intétion: mais le deuis du iour de la conception sera peult estre receuable. La femme doncques qui desire auoir enfans (toutes certes le doiuent faire) depuis qu'elle c'est conioincte actuellement auec le mary, se doit garder d'esternuer, à ce que la semence de nouuel enuoyée ne glice, ains s'estende dans le sein maternel. Les phisitiens soustiennent l'esternuer, & tout autre mouuement desordonné du corps: faire souuent glisser & sortir de son lieu la semence ia retenue. Si la matiere cóceptiue, se congelle & arreste, ilz disent que le dixiesme iour les femmes

Naissance des enfás.

mes

mes grosses en sentant les signes, car selon leurs complexions elles commencent à soustenir diuerses passions, comme mal de chef, inflation d'yeux, satieté d'estomach, debilité, & vomissemens de diuerses humeurs. La semence forme premierement trois ventricules: celuy qui est au milieu produit le cueur, auec les parties voisines: & qui au parauant tout le reste comméce à croistre, iusques à soixante cinq iours assez plus grãd que n'est la forme deue: puis venant à estre pressé pointes des os & des pennicules, non encor complexionnées, il retourne en sa forme deue. En ce temps si la creature prend forme masculine, la femme grosse retient assez bonne couleur, la grossesse luy donne moindre fascherie, & cómence à sentir le vif mouuement. La femelle dõne le vif mouuement plus tardif, fait la mere passe, affoiblist les iambes, la rend pesante, & luy dõne pire grossesse. En chascun la generation des cheueux augmente la passion à la mere: & quãd la Lune est plus au plein, la grossesse doit estre plus doloreuse. Les voluptez des meres tachant aucunesfois les corps de leurs enfans, & certaines viandes trop frequentées nuysent: comme lon dit, les enfans naistre quasi sans ongles, ou du moins se leurs meres ont mengé viandes trop sallées, les enfantemens sont differendz & en plusieurs sortes, mais le peu en parler nous saisira. C'est chose naturelle naistre la teste premiere, & sans aucune pannicule: autres naissent vestus, parquoy Terence en la personne de Lesbia commande

Comment la femme conçoit

Naissance des enfãs.

mande que l'enfant de Glicerion nouuellement né soit laué. Naistre les piedz premiers est contre nature, & viuent telz mal fortunez encor que nous en ayons experience au contraire par la vertu d'vn seul Marc Agrippe, lequel apres telle naissance à vescu en grande dignité. Autres naissent apres la mort de la mere & par l'incision du ventre maternel, & dit on que ce leur est bonne auenture, comme de Scipion African, & de Cesar Auguste: lesquelz nez en ceste sorte, l'vn supedita Affrique, & l'autre eut l'empire de tout le mōde. Quād aux femmes c'est signe de bōne fortune naistre, ayant le sexe bien ioinct & serré à l'exemple de Cornelia mere des Grachs: la doctrine & vertu de laquelle est tresnotoire. Franc. Vous nous auez certes satisfaitz, & auons veu naistre l'enfant auquel auez esleu bonne nourrisse, poursuyuez donc tousiours, car nous prenōs tres grand plaisir à vous ouyr. Ange. l'enfant estant forty du gouuernement de la nourrisse, cōmencera à prononcer toutes voix, & à se soustenir & porter sur ses propres piedz. En ceste premiere enfance il desire ioyeux esbatemens, & s'esiouyr auec ses semblables, se courrouce, & rid pour auf si peu que rien, & se change mille fois en vne heure. Le pere alors se prēdra garde que les enfans auec lesquelz son filz frequentera, soient bien moriginez en faitz & en ditz: qu'il l'acoustume à desirer plustost les bonnes meurs que les mauuaises, & à viure sobrement de viandes delicates: par ce que les friandises bien souuent

les

Marc. Agrippe.

Scipien. African. Cesar aug.

Premier enfant.

les gastent,& les fait apeter quand ilz sont gras,
les mesmes delices esquelz ilz ont esté nourriz
& eleuez en leur enfance.

Ie trouue raisonnable que ceulx qui en leur aage *Costume*
puerile, furent vestus & percez de riches & pre- *mauuaise.*
nent habillemens venās en adolescéce & aage
meur soient curieux de continuer en cest honneste habit, chacun seló sa qualité. Mais on voit
aprendre ceux qui à peine peuuent parler à estre
si frians & gourmans qu'ilz sçauent plustost de-
māder vn petit pasté ou des confitures que quel *Habit*
que mot de doctrine, tellemēt qu'il sera plustost *modeste.*
friant que bien moriginé. L'enfant aura tresmau
uaise langue quand en leur petite ieunesse, leurs
peres prennent plaisir à les ouyr prononcer parolles deshonnestes & sales. Et pour lesquelles
les plus meschans & vicieux deuroient estre pu-
nis. Quelle honte est ce de veoir l'enfant met- *Paler hon-*
tre le bout du poulce entre les deux gras doigts, *neste.*
& en faire vne figue à la mere? Puis tant de vices
apris les miserables enfans, auant que cognoistre
leur naturel, & quand ilz deuiennēt graus nous
nous esmerueillons s'ilz sont meschans? mais
pour certain ilz l'aprennent de nous: car nous
n'auons point d'egard à parler en leur presence
de noz vices, de noz paillardises, & de noz gour-
mandz banquetz, esquelz nous les menons &
souuent en leur presence nous disons lasciues
chançons d'amour & comptes impudiques, &
qui pis est nous y faisons choses ordes & sales
voire tresuicieuses: de telles choses les enfans
font

LE PREMIER LIVRE

Le pere de famille doit eſtre meſlé en parolle.

font couſtume, & puis nature efrontée & diſſolue les acompagne en toute meſchanceté. Pour oſter ces vices de l'enfant le pere doit eſtre cault & ſubtil à regarder qu'en ſa famille ne ſoit veu n'ouy de luy ſinon exemples approuuez. Touſiours en l'hoſtel ſe parle de choſe bonne & honneſte, & iuſques aux fables des femmes que ce ſoient admonneſtemens de bien & honneſtement viure, leur donnant par icelles crainte du mal, & enuie d'aymer les choſes bonnes. Comme leur dire que le Dyable, eſt vne laide beſte, qu'il eſt pelu & cornu & que c'eſt pour prendre les mauuais, & les bons enfans yront en Paradis dançant auec les anges, & autres telles choſes bonnes à inſtituer vne tédre ieuneſſe. Ainſi peu à peu croiſſant l'enfant, il commencera à ſortir du ſein domeſtic, aura l'entendement bon pour apprendre, la memoire ferme à retenir les choſes enſeignées: ainſi par la commencera le temps de lay dóner cognoiſſance de doctrine. Le téps toutesfois de commencer à enſeigner les enfans n'eſt encores diffiny. Aucuns dient les natures eſtre differentes, & ſelon icelles deuoir donner diuers principes.

Autres dient les enfans auant ſept ans acomplis n'eſtre aptes à erudition. Mais ces opinions ne regardent l'utilité de ceux qui aprenét, ains pluſtoſt pour ſoulager l'eunuy & faſcherie de ceux qui enſeignent. Et pource pour le meilleur il ne fault laiſſer paſſer aucune minute ſans l'acompagner de quelque ſimilitude de doctrine, voire les
premiers

premiers ans qui s'atribuét au gouuernement de la nourrisse, peuuent seruir pour donner aux petitz enfans quelque forme de lettres. Toutefois il ne les en faut pas tãt charger que ilz ayent en hayne ce qui encores ne leur peut donner plaisir, mais pour plus grand vtilité, autres conseillent que les plaisirs & ébatemens, qu'on a acoutumé leur dõner soient dressez en quelque profit de doctrine, comme celuy qui formoit les lettres en pommes, poires, & autres viandes puerilles, puis incitant l'enfant promettoit les luy donner s'il les connoissoit, disant, ce signe tortu est vne S. ce rond vn O. ce demy rond est vn C. & consequemment de toutes les aultres lettres. Ces premices semblent peu vtiles, mais comptant qu'en l'aage de sept ans l'enfant auoit apris ce qu'il deuoit apprendre de sept à neuf, & à neuf, ce que de neuf à vnze, & ainsi consideret que ou en ces ans il eust apris les choses petites, il aprenoit les plus grãdes, on cognoist qu'il s'en peut retirer tresgrand fruict. Neanmoins chacun doit regarder l'aage raisonnable, & selon l'entendement, la promptitude, & les naturelles forces de ceux que lon instruit, ordonner que le moindre tẽps que faire se pourra soit perdu. Venuz à cét aage la diligence du pere soit totallement à leur donner maistre bon, sçauant & bien moriginé, & qui pourra prenne le meilleur des le commencement, car ainsi l'ont conseillé plusieurs excellens autheurs. Qu'il soit vray, Philippe

Astuce pour inciter les enfans aux lettres.

Quel doit estre le precepteur.

B   Roy

Roy de Macedoyne, enseigna son filz Alexandre iusques aux premieres lettres de A. B. C. a fin que d'icelles, & puis des sillabes & motz il aprinst en ce commencement la vraye & parfaicte prononciation: ce que ce Roy tressauant n'auroit voulu, ny Aristote tresgrand Philosophe consenty s'ilz n'eussent cogneu que pour ayder aux choses grandes, il estoit besoing d'en receuoir les principes de ceux qui en auoient la parfaicte cognoissance. Si le bon & vertueux maistre doit estre estimé des peres, le mesme Philippe ayant son filz Alexandre nouueau né nous le monstre par l'epistre qu'il enuoya à Aristote ou il dit ainsi. Philippe Roy mande salut à Aristote Philosophe. Saches qu'il m'est né vn filz, lequel pour certain m'est venu par la grace de Dieu en ce temps cy, non pource qu'il me soit né, ains pource que c'est durant ta vie, car i'espere qu'estant fait sçauant & bien moriginé par toy, il sera digne de nous, & de toute la succession de nostre royaume. Voila les lettres vrayement dignes de Roy vertueux, qui es exercites & victorieuses guerres tousiours s'employent es estudes liberalles. Depuis Alexandre ayant esté rendu tresdocte par Aristote, & encor tenant l'empire du monde, il disoit estre plus tenu à son precepteur qu'à son pere: pource que Philippe luy auoit seulement donné l'estre commun auec tous les autres hommes, & Aristote luy auoit donné vn estre tant vertueux qu'il surpassoit toutes les choses mortelles. Il auoit en telle estime la doctrine

Alexandre.
Aristote.

Lettres de Philippe Roy à Aristote.

Comparaison faicte par Alexandre.

DE LA VIE CIVILE.

trine par luy aprise d'Aristote, qu'estant quasi aux extremes parties d'Asie combatant contre Darius, & entendant qu'Aristote publioit certaine subtille science des contemplacions naturelles, il en fut si ialoux que nonobstant ses tresgrans afaires & l'extreme distance de l'vn à l'autre que lō pourroit quasi dire estre les deux boutz du monde, luy voulut escrire qu'il ne faisoit bien de publier ceste science, laquelle comme plus digne que les autres, il auoit aprinse de luy, remontrant encor qu'il ne sçauoit en quoy il pourroit surpasser les autres hommes si telle sciēce estoit communiquée à tous: adioutant que plustost il vouloit auec doctrine preceder les autres que par armes ou abondantes richesses. Vous voyez clerement par les exemples de telz hommes, quelle estime estoit faite en ce temps la des precepteurs & de la doctrine. A ceste cause mōtrez vous songneux à examiner celuy qui deura cultiuer l'esprit, les meurs, & entendemens de voz enfans.

Sur tout le maistre soit de louable meurs, pour ce qu'aydant à la doctrine, & nuysant au bien viure ce seroit contre nostre intēcion par laquelle nous preposons tousiours la vie honneste au bon enseignement.

Le maistre donc ne sera vicieux, & si euitera de l'estre, ne sera seuere, ny trop temeraire ny aussi de trop dissolue recreacion: il parlera souuent de choses bonnes & honnestes, donnant les enseignemens de vertu, ne se courroucera

Darius

Lettre de Alexādre à Aristote

B ii   sīsi

aussi ne passera souz silence les fautes reprehensibles, respondre amyablement à ce qu'on luy demandera : faisant libre inquisicion des paresseux. Apres l'election d'vn tel maistre faut que le pere commande à ses enfans le suyure, luy obeyr, & aprendre diligemment ce qu'il leur enseignera: leur remontrer encor que tel maistre leur est en lieu de pere, nõ pas au corps mais à l'ame & aux bonnes meurs. Cela fait enfans suyuez vn tel homme, croyez que ce qu'il vous enseigne est profitable & aprouué : ayez opinion que par sa doctrine vous deuiendrez louables entre les hommes, mais ne donnez loy au maistre, en luy disant enseigné moy cecy: Ie ne veux aprendre cela. Ains soyez entierement contentz de son iugemét, pour-ce que tout homme iuge bien des choses qu'il connoist, & tout homme est grossier es choses qu'il n'a aprises.

Meurs du pedagogué.

Obeissãce des estudians.

Suyuez en cela le commandement de Pithagoras, qui commandoit à ses disciples le silence pour quelque téps, sçauoir est pour le moins deux ans, luy semblant necessaire d'ouyr beaucoup auant que de commencer à parler. Que les disciples facent ainsi se connoissans insufisans a bien parler. Il est beaucoup meilleur se taire que de parler de chose que lon n'entend pas. Car comme celuy qui parle peu & de choses bien examinées & entendues, s'acquiert la bonne opinion des auditeurs, aussi celuy qui parle ainsi que les paroles luy viénent à la bouche

che & sans discrecion se fait estimer homme sans iugement ny prudence. L'enfant considerera en soy ce qui luy est enseigné, & l'examinera, & si son entendement ne le peut comprendre, le demandera au maistre, & s'éforcera de le sauoir myeux que nul autre, qu'il mette son afection à gangner ceux qui le precedẽt & s'il est possible luy mesme les deuance.

Qu'il aye benigne conuersacion auec les autres escoliers, choisissant tousiours les plus vifz d'esprit & myeux moriginez: soit auec eux ioyeux & recreatif, sans se courroucer d'estre reprins & corrigé, ains responde doucement s'efforçant de vaincre auec raison, & auecq' desir d'estre prisé à iuste ocasion. Il faut en toute doctrine suyure la franche volonté du maistre qui enseigne: pour-ce que c'est son propre ofice, & celuy du disciple de se rendre capable de l'enseignement. Car comme la generacion ne se peut faire sans cõmune conionction de l'agent & du soufrant, aussi la semence de la doctrine est vaine s'il ny a vnion de volõté, entre le donnant & le receuant.

C'est abus de penser aquerir aucun degré de science par force ou pendant que lon est ocupé, en autres solicitude. Veu que dificilement y peuuent paruenir ceux mesmes qui sont fauorisez de nature & tant adonnez aux études que la plusgrande part de leur vie est consommée au plaisir & delectacion qu'ilz y prennent. Le maistre esleu, & les disciples admonnestez, s'en-

B iii   suyt

suyt qu'ilz se dedient à bonne doctrine de dire comme elle s'enseigne n'est point nostre intencion, pour estre cela l'ofice du bon maistre desia par nous esleu: & puis la matiere en est abondante & largement diffuse: mais ouy bien de montrer ce qui est conuenable à enseigner au ieune enfant disposé à toute excellente vertu. Tout pere doit desirer son filz n'estre sans quelque doctrine, sience, ou art d'ou procede quelque honorable dexterité de corps, ou quelque digne exercice de l'entédement, duquel se puisse tirer quelque moyen de decorer la vie. En tous les exercices du corps soit reieté tout acte feminin pour estre de peu de valleur, comme sont les ieux qu'on fait estât assis, excepté ceux qui reueillassent les espritz. Aux petitz sera permis iouer à la paulme, courir, sauter, & faire tout autre honneste exercice corporel, obseruant tousiours les termes & moyens requis à la mediocrité. En cest aage est merueilleusement louée la musique, laquelle auec mesurée promptitude dispose le corps & luy adresse de bonnes dexteritez & si exercite & nourrist l'esprit, amende la voix, & fait la prononciacion doulce, aiguë, graue & armonieuse quand il en est besoing. Pour cultiuer & rendre prompt l'entendement des petitz enfans la Geometrie est grandement louée: car elle contient deux parties principalles, sçauoir est les nombres, & la diuersité des formes: la sience desquelles subtilie merueilleusement & exercite l'esprit, &

Exercices.

Musique.

Geometrie

le rend

le rend prompt à examiner les choses ardues. Ceste science est tousiours necessaire aux petitz enfans, & les resiouyst grandement. Aussi plusieurs sont d'opinion que nostre ame est iointe au corps auec nombres selon l'ordre des armonies celestes. De parler de Grammaire seroit superfluité, car qui est celuy qui ne croit que sans le fondement d'icelle toute doctrine pour grande qu'elle soit se ruyne sans faire fruict. Lon en retire beaucoup plus grande vtilité, & fruict plus sauoureux que l'entrée d'icelle ne demontre, pour-ce qu'elle contient en soy toute la perfection de la langue Latine, sans l'intelligence de laquelle il est dificile d'entendre ce qu'on lit. Par la Grammaire on vient à la Retorique qui enseigne à bien parler, en quoy les plus excellens surpassent d'autant les autres hōmes, que le vulgaire des hommes surmonte par la dignité de la parole les animaux non parlans. Et toutefois toutes ces doctrines & encores les meilleures actions des hōmes sont gouuernées par Philosophie: Laquelle a en soy deux tresdignes parties: La premiere est l'inuestigacion des secretz de nature, qui pour certain est partie fort excellente, & neantmoins elle nous aporte moindre vtilité que ne faict la seconde, qui distribue les bonnes meurs & toute forme de bien viure approuuée des hōmes vertueux. Car bien que cognoistre la generation & corruption des pluyes, bruynes, & neiges, l'ocasion des couleurs de l'arc celeste, les esclairs, & tonnoirres,

Grammaire.

Philosophie.

B iiii soit

soit chose haute & splendide, & pour y paruenir faille cognoissance tresgrade. Si est-ce qu'il en vient peu de profit à la vie moralle. Mais ceste autre partie de philosophie est le vray guidon des hommes, maistresse des vertuz, ennemye des vices, amye des bonnes meurs, conseillere des bons, & ferme certitude de nostre vie. Et de laquelle non casuellement comme les bestes, ains auecq' bonne disposicion lon est enseigné à bien viure. C'est selon elle que se doiuent enseigner les enfans: elle doit conduyre les grandz & petitz, & guider toutes les humaines operations. Nous auons par elle formé nostre commencement, & par elle sera le millieu, & la fin de nostre propos. LOYS. Ie dirois mal aysément le plaisir & grande consolation que receuons en voz deuiz, qui sont vrays enseignemens à bien & honnestement viure, & nous inuitent auec grande delectation à escouter. Toutefois nous voudrions bien vous prier que ne vous soit point ennuyeux de nous diuiser l'aage, à fin que nous entendions plus aysément quelle forme de viure est conuenable à chacun aage. ANGE. Voz demandes sont si honnestes que ne vous les puis desnyer, veu mesmement que ie parle pour vostre commodité : or suyuons donc ce que vous demandez.

Diuision de l'aage.

La vie humaine est diferemment diuisée, mais selon la plus commune diuision elle se fait en six parties. La premiere appellée enfance, assauoir

uoir auant que l'enfant parle: La seconde puerilité, qui est simple enfance, & dure iusques aux
ans de discretion: La troisiesme, adolescence
iusques à vingthuict ans, qui est le temps que
croist & augmente la force corporelle. Apres
suyt virilité, assauoir tout le temps que les forces naturelles se maintiennent auec bonne pro
sperité, que lon fait durer iusques à cinquante
six ans. Au moyen dequoy les Romains n'esli- *Coustume*
soient point de soldatz plus aagez que de qua- *des Ro-*
rante six ans comme trop voisins de vieillesse, *mains en*
par ce que acompliz les cinquāte six ans il n'e- *l'election*
stoit plus licite faire faictz d'armes, ains falloit *des sol-*
qu'ilz s'en retournassent à Rome, & ceux qui en *datz.*
grande continéce & reigle de iustice s'estoient
gouuernez à la suytte des armes en cest aage cō
seilloient dans le Senat estimans que apres si
nobles & honorables faictz ilz fussent plus aptes aux forces de l'entendement que du corps.
Les autres qui n'estoient pour paruenir à ceste
dignité de senateur, ou eussent este de moindre honeste vie estoiēt honorez en Rome & se
couruz du bien public tout le reste de leur vie, *Soldatz*
& sapelloient soldatz bien meritans pour leur *appellez*
publique exercice. Apres vient vieillesse, & *bien meri-*
dure iusques à soixante dix ans: bien que Cesar *tans.*
Auguste escriue à son nepueu soixante trois
ans estre le commun aage des vieilz durant lequel & dela en auant ainsi que par longue cou
stume s'est obseruée il semble la plusgrand partie des vieilz, estre par necesite subgette à quel
que

que infortune ou maladie aprochant du peril de mort. Apres l'aage de vieilleſſe demeure la derniere partie de noſtre vie, appellée aage decrepit, qui peut ateindre ſix vingtz ans, iuſques auquel temps ſe dit auoir veſcu le Roy Artatonius, qui en aage de quarante ans vint à la couronne, & gouuerna ſon royaulme par leſpace de quatre vingtz ans auec proſperité & verde vieilleſſe, de la en auant le cours de noſtre vie ne peut plus longuement durer. Tout ceſt aage decrepit ſãs particulier don de nature n'eſt que rempli de douleur & ennuy aux vieillardz: mais quand par don de Dieu il ſe paſſe auec bonne vieilleſſe, il fault croire que cela ceſt aquis par bõne complexion & qu'il paſſe le commun ordre de nature. Il y en à d'autres qui auec plus de conſideration, & meilleure doctrine diuiſent la vie humaine ſelon les vertuz de l'entendement, en ce faiſant ilz ſuiuent Pitagoras & en font ſeulement deux parties. La premiere appellée aage ignorante: lautre aage de cognoiſſance.

Toute ceſte vie eſt par eulx figurée à vn Y, diſans que l'aage premier nomme ignorant commēce ſimple, & par vne meſme fin s'en va ſans diuiſer. Icy aux vices, & là aux vertuz deſquelles il n'a encores iugement. Puis en la ieuneſſe, quand deſia ſe dicerne le bien du mal dient cõmencer les deux voyes de l'Y aſſauoir de noſtre vie: auquel temps ou les hommes ſuyuent la voye plus droicte, c'eſt aſſauoir de la vertu, ou

Artatonius Roy de Gades.

Autre diuiſion de l'aage.

bien

bien s'en vont par la voye plaine & plus basse
qui est celle de vices. De la vient qu'en Virgi- *Virgile*
le Vous voyez Eneas ne pouoir aller vif es en- *Eneas.*
fers, si premierement il ne cueille ce fruict doré
de Y, assauoir la vertu de nostre vie. Pour certain, le chemin de trouuer ce fruict est merueilleusement penible, pour estre scitué ou millieu
d'vne forest obscurée de plusieurs vmbrages, &
entre tant de vallées confuses, assauoir de plusieurs vices, acompagnez de noz passions & appetitz sensuelz, qui dificilement peuuent ou sca
uent cognoistre le vray bien. De cest endroict
de Virgile print nostre tant honoré poëte Dante le commencement de son œuure si louable, *Dante po-*
laquelle est assez grossement entendue de ceulx *ëte Italié*
qui soustiennent qu'il l'a commence en l'aa-
ge de trente cinq ans, ou est posé le milieu de
nostre vie corporelle: Car la fin de son œuure
est le traité de la vie des ames, & non de la sien-
ne propre, ains de tous les estatz des animaulx.
Parquoy si son premier vers se refere au premier cantique appellé enfer, certes il entend le
milieu de la vie humaine, ce qui est entre l'aage
de l'ignorance, & celle de la cognoissance, selon la diuision faicte sur Y: ou bien plus haul-
tement, selon la sentence de Platon, s'il se rap- *Platon.*
porte à toute l'œuure, il entend des ames, lesquelles (faictes eternelles par Dieu, & s'infon-
dans es corps mortelz) transcendent par le cercle de l'uniuers, lequel (estant conioinct auec
les superficies de la rotondité lunaire) est le
moyen

moyen de toutes les vies spirituelles, & vraye confination entre la vie & la mort, pour ce que de la en fus tout est eternel, & dessoubz tout est caducque & mortel. Ce cercle comme il est le milieu de la vie des ames, ainsi est il commencement de l'enfer, & de mort. Parquoy Dante cõsiderant ce cercle posé au milieu des vies spirituelles commencer a descendre en enfer dict: Au milieu du chemin de nostre vie. Que Dante entẽd dire de toutes les ames qui sont soubz l'vniuers (auquel le cercle par nous alegué sert de vray limite & certain but) cela se monstre en tous ses liures & bien clairement mesmes aux espritz les plus ardus, & luy mesme à la fin de toute son œuure le specifie en disant: *Ceulx qui du plus profond de l'vniuers ont veu iusques icy les vies spirituelles vne apres autre.* Procedant doncques diffusement en propos selon l'vne & lautre diuision, nous auõs parlé des deux aages du corps, c'est ascauoir de l'enfance & puerilité, laquelle selon l'autre diuision est apellée aage de ignorance. Maintenant suyt l'adolescéce en laquelle l'ame commẽce à auoir la cognoissance tant des vices que des vertuz, & selon l'vne des deux voyes dresse sa forme de viure par propre ellection. Mais pource que les sens & cogitations humaines sont enclines au mal des le commencement de la vie, ainsi que Dieu mesme le signifia à Noé, il nya aucun qui ne faille suyuant plustost les delices du monde que les vertuz de l'entendement: ainsi par noz foruoye

mens

Enfer.

mens nous nous trouuons entre les vices & separez de bien viure, sans pouuoir cõnoistre comment nous y sommes entrez pource que la partie ignorante nous ofusque l'inteligence. Voila doncq' ou gist le trauail & singulier œuure des mortelz, sauoir est en la premiere election de bien & sainctement viure, à quoy nous pouons peruenir sans grace particuliere de Dieu, ou acquisition d'excellente vertu, encor descendante de luy. Alors donc le pere commence à prendre songneusement garde à la vie de son filz, le cognoissant entrer en l'aage auquel il commance à sentir quelque chose de soy, & auoir liberté d'eslire & pouuoir viure à sa volonté, & qu'il commence à cognoistre son esprit & son naturel, qui au parauant estoient incertains, quand l'aage, la crainte, le maistre, & les parens luy empescheoient. C'est à lors que les ieunes gens commencent à gouster les plaisirs mondains, & les suyure selõ que les desirs en ont apetit. Au moyẽ dequoy il a semblé bon aux Philosofes moraux de defendre aux ieunes enfans croissans d'heure à autre la conuersacion des autres grans car encor que l'vn & l'autre fussent de louable & honneste vie, si est ce que la debilité puerile aisément foible en toute chose se doibt separer de la plus grand malice: pour ce qu'il ne sufist pas seulement d'estre innocent, mais encores fault il estre net de soupçon. Sur tout est requis admonester les ieunes gens de sacoustumer à soufrir paciement les reprehencions

cions que le plus souuent ilz sopportent mal
voluntiers, encor qu'ilz soient en l'aage qui en
a tresgrand besoing. FRAN. Si l'ancienne coustume ne me contraignoit, ie ne vous interrom-
perois : mais ayant memoire que quasi par tout
on dit qu'il fault fesser & chastier les enfans,
& vous oyant particulierement proceder à leur
bon gouuernement sans parler de chastimēt, ie
ne puis faire que ie n'aye desir d'entēdre, pour
quoy vous laissez en arriere ceste partie, toutesfois ie pēse que ce n'est point sans bien approuué conseil. ANGE. Si ie parlois des petitz enfans non aptes à excellente vertu, ains qui sui-
uissent seulemēt les ars mecaniques & seruiles,
peult estre diroy ie qu'aucunesfoys les doit on
corriger. Mais ie ne trouue point bon de battre
ceulx qui ont le pere & le maistre propres à les
bien disposer & dresser (premierement, pource que cela semble chose non benigne, ains cōtre nature, & propre à faire les entendemens esclaues, & encor quelquefois estans deuenuz
grandz le reputēt pour iniure, qui fait que l'affection d'amour naturelle se diminue d'auātage à
l'entendement bien disposé, seulement les reprehentions suffiront, pourueu que la diligence du pere soit continuëlle à ne le laisser aller
en lieu dont apres en auroit peine à le retirer.
Les admonestemens sont diuers, comme raisons aptes à l'aage, en donnant exemples d'autres, louant les bons que lon cognoist, blasmer
les mauuais, le louer s'il fait bien & s'il fait mal
l'enuoyē

l'enuoyer parmy ses compagnons pour en estre moqué & delaissé, en bien faisant le gratiffier des choses qu'il ayme, si autrement les donner aux autres, & plustost le punir de peu de chose qui dure long temps que de griefue passion, comme de l'enfermer, luy oster sa viande & autres choses esquelles il se delecte & recoit grãd plaisir, luy oster ses beaux habitz, & autres telles choses qui luy facent souuenir de la faulte long temps apres. Les coups qu'on donne aux enfans sont seulement vne griefue douleur, dont ilz ont petite souuenance, & pensent estre du tout payez de leur faulte pour cela: au moyẽ de quoy les mettans facilement en oubly, rentrent en vne autre, croyãs en estre quittes pour coupz de verges, mais quant on les tiẽt en plus longue reprehension, ilz ont plus longue memoire de leur erreur, & cognoissent bien qu'ilz s'en doiuent garder, non pour crainte des verges mais pour ne plus faillir, & puis ilz s'en enflent moins cõtre ceulx qui les corrigent, pource qu'ilz leur semblent n'estre chastiez par hayne, ains admonnestez pour estre faictz plus vertueux. On a maintefois veu de bons espritz s'abastardir en sorte qu'il n'a iamais este possible de leur faire aymer ce que du commencement les coupz leur ont fait hayr: aussi plusieurs bõs entendementz (tresaptes à doctrine) se desesperer par l'importunité des maistres & iamais plus ne vouloir suyure les lettres. Le maistre donc prendra expressement garde à ne rendre odieu-

Forme de chastier & amonester les petis enfans.

se l'honse l'honneste doctrine qu'il voudra enseigner à son disciple car il l'aprendra plustost par amour & soing que par rigueur. Ie sçay bien que sur ce point ou nous sommes & il y a bien matiere de discourir dauantaige toutesfois il me semble en auoir assez parlé. Aussi est il plus necessaire suyure la forme des vestementz conuenables à cest aage, lesquelz quant plus sont communs, tant plus sont propres à cõseruer l'honnesteté. Mais pour en parler proprement on doit considerer, que quelquefoys les festes & ieux publicz, & encores le respect des maisons & lignées requierent quelques plusgrandz ornemens, parquoy soit en ce cas permis toute forme d'habit tant de robes que d'autres parures, ainsi que la qualité de ceux qui en vseront le permet. Es autres iours, ne soit aucunement vsé d'autres habillemens que de ceulx, qu'on est acoustumé d'vser en la cité: ny permis aux ieunes hommes, delicatz acoustremens, comme garniz de broderie, taillades, contrepoinctures, ou bigarrures de diuerses couleurs: tousiours soit euité femenin ornement, pour autant que les cheueux crespez, les faulces perruques, & autres molles & lasciues choses ne sont conuenables à ceux qui sont apelez à vertu. Les ieunes filles sont celles esquelles se requiert la delicate beauté, & aux masles la grace conuenable à garder toute honorable auctorité entre les autres hommes. Licurgus ordonna en Lacedemonie que les ieunes enfans ne peussent auoir

Quelz doiuent estre les habillemens.

Licurgus.

auoir plus d'vne robe. Aufsi fe trouue es efcritures anciénes que Cefar fe foucioit fi peu de fes acoustremens en fa ieuneffe que peu souuēt il faifoit rafer fes cheueux, & eftoit apelé dans Rome le mal ceint, parce qu'ayāt l'entēdement efleué à autre plufgrande chofe, ne s'amufoit à dreffer les plis de fa robe, ains fe ceignoit fans y prendre garde, & ainfi conuerfoit en Rome.

Cefar apellé mal ceint.

Il me fouuient auoir ouy de vous mefmes vne plaifante reprehenfion contre le femenin & trop delicat ornement, laquelle Sozomeno voftre precepteur & trefçauant maiftre vfoit entre fes difciples, qui en ce temps eftoient la fleur de toute la ieuneffe de Florence. Aucuns d'eux quelquefoys venoient à l'efcole veftuz de foye, auec certains veloux frangez, broderies & bordures de diuerfes couleurs, & faites de maiftres artificielz & bien ornez, bien pignez, poliz, gorgias, & teftonnez par les meilleurs & plus fuffifans barbiers qui fe trouuaffent.

Sozomeno.

Or quand le bon & prudent maiftre les veoit ainfi par diuerfes foys, leur demādoit s'ilz eftoient venuz pour prendre femme, & eux luy refpondans que non, leur difoit: doncques voulez vous prendre mary. Certes cefte reprehenfion eft plaifante & vtile à corriger tout efprit viril, ainfi abaftardy aux couftumes femenines. Te fufife donc iufques icy, Franco, que ie t'ay fait entendre quel eft mon aduis à chaftier les petitz enfans, & d'abondant comment ilz fe doiuent habiller. Suyuons doncques noftre

Nota.

C propos

propos sur le viure des ieunes enfans vn peu plus grandz, l'aage desquelz requiert se trauailler auec exercice de bonnes artz: pource que sur les coustumes de la premiere ieunesse le plus souuent se forme le resté de la vie, & les meurs imprimées en ieunesse sont les mieux continuées: l'amas & prouision des taulpes est la nourriture de leurs petitz: Aussi les foynes deuenuës grandes & rauissantes pourchassent pareille viande que celle dont ilz ont esté esleuez. L'aigle ayant ses petitz chasse & vole la venaison sauuagine & gros oyseaux, desquelz elle les paist: parquoy apres qu'ilz sont deuenuz grans & leuez de leur nid ilz combatent vaillamment pour gaigner la proye qu'ilz ont goustée estant nouuellement sortis de l'œuf. Ainsi les ieunes enfans de bône heure s'acoustument aux bonnes artz. Desquelles les vnes sont propres au corps, les autres à l'esprit.

L'aigle.

Pour exerciter le corps les armes sont louables es ieunes gens, aussi sont les ioustes, les tournois, le voltigement de cheuaulx, & tenir oyseaux de proye & se y delecter. Mais la chasse des grosses bestes est plus recommandable & la frequentation de lieux monstrueux & difficiles courir en iceulx, se trauailler, & se trouuer auec les autres au combat du sanglier: comme lon dit qu'Hector & Eneas firent en leur ieunesse, & plusieurs autres grans personnages la renommée desquelz les fait viure encor en ce monde. Plusieurs soustiennent telles œuures

Exercices du corps.

Hector. Eneas.

aug-

augmenter & esleuer grandemēt noz espritz,& disposer le corps, le faisant apte & prompt en tout acte vertueux & fort. Si est il necessaire de garder mediocrité en telles œuures, & modestement & moyennement s'exerce en icelles pour consoler & reposer l'esprit quand il sera par long temps trauaillé en considerations vertueuses & doctrine de heureuse vie : car de se tuer en suyuant telz exercices,& laisser le nourrissement de l'entendement, & la science du viure pour se faire serf des operations corporelles,ie n'aprouuerois pas cela. Au contraire, auant toute chose il faut proposer les exercices de l'esprit, en cherchant toutes siences & artz d'industrie, & les aprendre des bons maistres: suyure les Philosophes, & leurs enseignemens & selon iceux se gouuerner,paindre,tailler,engrauer,fantasier beaux bastimens, & s'efforcer d'auoir iugement de toutes les choses humaines & celestes,d'autant que le peut porter l'humaine infirmité tenāt pour certain que suyuant les docteurs sçauās,& mesmes les catholiques,tout homme doibt auoir peu de soing de faire beaucoup de chose en ceste vie mortelle, & neantmoins desirer entendre ce qui se fait bien, & estre sufisant iuge de toutes les choses que font les autres hommes. L O Y s:Il m'a semblé en tous voz deuiz que vous auez tresbien instruit les petitz enfans & que les auez conduictz(comme nous auiez dict) à l'aage de cognoissance, mais vous voulez qu'ilz facent & aprennent tant de

C ii choses

Hercules choses que Hercules n'en feroit pas la moyctié: & croy que le faire ne s'egale pas souuent au dire: aussi ie n'ouy iamais dire qu'il aye fait tant de choses: car il me semble que vostre instruction soit plustost propre à faire desesperer vn ieune homme qu'à le conseiller d'apprendre ce que auez dict: pource qu'il seroit impossible, & seroit se trauailler en vain sans pouuoir paruenir au but. ANGE. Ie confesse qu'il ne se trouue quasi homme qui soit bien entendant, toutefois à le prédre aux forces humaines c'est peult estre nostre faulte qui desirons trop acquerir: il est donc necessaire à qui veult deuenir le plus vertueux que des sa ieunesse il se cognoisse propre à receuoir doctrine & auoir cognoissance de toutes les vertuz des hommes, & de chascune de celles qui le decorent & luy donnent dignité entre les viuantz. Les chercher toutes seroit impossible: pource que le trop engendreroit telle confusion que plustost se pourroit dire ignorance que doctrine. Vray est que qui regarde auec sain entendement les principaulx membres d'icelles il luy semble que c'est peu de chose, & que auec vne chaisne d'or elles sont par vn certain moyen enchesnées ensemble, car cependant qu'vne vertu s'acquiert, l'autre croist, & la tierce s'esleue, De là vient que quand l'esprit est stimulé par la gloire de vraye vertu, il croist quasi de soymesme, & se rend digne de toute industrie & bonne art, il n'a deffault d'entendement, de force, ny de temps, ains s'exer-
çeant

çeant en plaisir se nourrist, augmente, & faict ceste rotondité de vertuz, que les Grecz ont voulu obseruer, puis deuient acomply, & entierement vertueux. Qui veult apprendre doit auoir pour premier fondement en son esprit l'espece & perfection ferme de ce dont l'homme se veut faire maistre, le suyure & s'efforcer auec industrie de l'atendre & de tant plus passer les autres en ceste perfection comme il est possible à autre homme dy paruenir, sachant ne se trouuer autre voye à deuenir grād es œuures humaines. Quiconques y paruiendra sera excellent. Encores est il treshonneste à qui suyt le plushault degré des choses vertueuses, de demourer au second voire au troisiesme : Ne void on pas plusieurs hommes estre grandement louez par les mesmes choses esquelles y en a vn plusgrand que tous.

Platon pour estre le premier de tous les Philosophes n'empesche qu'Aristote, Socrates & plusieurs autres ne soient reputez excellentz. Cesar & Alexandre semblablement, bien qu'ilz soient tresgrands en prouësse, n'empeschent que Cirus, Darius, & Octauian ne soient reputez puissantz en ce monde. Scipion ne rend moindre Quintus, Maximus, ne Marius, ny Metellus. Phidias n'empesche pas que Policrat ne soit honoré. Aussi doit tout homme qui s'efforce estre le premier en quelque chose, s'il ne peult demourer au second, qu'il demeure au tiers, ou au moins se maintienne au degré, au-

Platon.
Aristote.
Socrates
Cesar.
Alexādre
Cirus.
Darius.
Octauius
Scipion.
Quintus
Maxim.
Marius.
Metellus.
Phidias.
Policrat.

Ciii quel

quel il fera paruenu. LOYS. Vous auez tresbien
& en bon ordre satisfaict à ma demande : mais
il semble que quád l'esprit se repaist nouuelles
volontez luy viennent, ainsi m'en est il aduenu:
car ce pendant que vous parliez ie suis entré en
vn autre doute quasi de celà mesme : Comment
se peuuent aprendre tant de choses en vne heure que l'entendement ne se confonde en diuerses disciplines? ANGE. La nature de nostre entendement est tant vniuerselle à toute chose, &
si subitement regarde en toute part, que non
seulement en vn mesme iour il est apte à plusieurs choses, mais en vn mesme temps aucunes
foys il fait diuerses operations. Nous en auons
exemple es maistres de Musicque, lesquelz en
chantant, & iouant d'vn instrumét ilz touchent
les cordes, auec la main dextre, & auec la senes-
tre batent la diuersité des cordes pour la diuersité des voix, & les piedz, & toute autre partie
du corps se meuuent à temps mesuré: & si encores obseruent les faultes de leurs disciples, qui
quelquefois faillent en s'efforçant de les imiter, & neantmoins au mesme temps de telles
faultes, ilz remplissent la partie defectueuse soit
pour le mot ou pour la voix, ce que l'experience ne monstreroit, si l'entendement ne pouuoit
plusieurs choses en mesme temps. Si ne nous est
il pas tant necessaire de resserrer le temps, mais
nous le disons seulement pour vn principe, à
fin que lon cognoisse, nostre entendement estre
sufisant à plusieurs choses, par discours d'vn
bien

Nota de vn mai-stre de Mu-sicque.

bien brief temps. Encores voyons nous par experience qu'il est beaucoup plus dificile de continuer vne seule euure l'espace de plusieurs heures, que de s'adonner tout vn iour à diuerses doctrines. Pour ceste cause encor que nous ayons le iour faict plusieurs choses, si sommes nous tousiours fraiz à faire ce que commençons. Il n'y a personne qui ne se trouuast ennuyé de suyure tout le iour le maistre d'vne mesme art. La mutacion est celle qui nous recrée, tout ainsi que fait la diuersité des viandes aux hommes desgoustez. Il ne faut donc point vouloir premierement se faire parfaict Grammarien, puis excelent Musicië, & apres s'efforcer d'estre sculpteur, ou bien architecteur: pource qu'auãt que de peruenir à la sixiesme perfexion on auroit oublié la premiere ainsi si ce seroit perdre temps & se rendre odieux. S'adonner à diuerses choses esleuës, est ce qui faict acquerir auec plaisir, rend l'homme commun à plusieurs l'esleue & prepare à toutes œuures humaines, & singulierement faict qu'il ne luy est besoing de perdre temps pour chercher recreation, ains l'vne des artz sert de consolation à l'aultre. Considerons maintenant ceste reigle pour vne necesité sans regarder au fruict d'icelle. Il ne se trouue personne qui aprenne separément côme il se doit gouuerner auec sa propre famille, puis comment il doit gouuerner ses affaires, puis apres comment conuerser auecq' ses citoyens, & pour sa propre personne en quelle maniere luy sont

C iiii   heureuses

heureuses ses passions: ains entremeslant l'vn parmy l'autre il les aprend en sorte que de son ennuy il deuiēt maistre en toute espece de gouuernement. Semblablement le bon laboureur n'aprend pas seulement à cultiuer la terre, mais aussi à esleuer & garder les fruictz, & en vn mesme temps à gouuerner le bestial, ne soient donc les œuures vertueuses cherchées par nombre, ains de toutes en mesme temps se doit chercher ornement, sachant que l'esprit n'est moins apte à plusieurs choses qu'à peu: & luy est plus aysé suyure diuerses operatiōs que long temps faire vne mesme chose. FRANC. Il est vray que qui ne cherche ne treuue, & quand les choses sont trouuées chacun en est maistre. Ie n'ay point encores trouué homme qui m'enseignast bien comme on peut apprendre plusieurs choses, & se faire commun à diuerses artz excellentes: maintenant que les nous monstrez, il me semble que chacun y deuroit entendre: mais on n'y regarde pas de si pres (car sans doute) on en feroit grand fruict. LOYS. Il aduient souuent qu'en voulant deffaire vn neud lon en renoüe vn autre, ainsi m'est il aduenu en vous oyant parler: pource qu'ayant entendu que plusieurs artz se peuuent apprendre & en acquerir cognoissance, ie m'esmerueille d'ou cela viēt que peu d'hommes surpassent de beaucoup les autres es operations humaines. ANGE. I'ay plusieurs foys en moymesmes pensé sur celà, & y ay trouué deux occasions. L'vne est, pource que

Ocasions de l'intermission des artz

que escoutãs ce que noz peres ou maistres nous enseignent, ne cherchons si telle art se peult meliorer, ains nous contentons de ce peu qu'ilz nous monstrent, & le poursuyuons tousiours ainsi que l'auons trouué. Celà est cause que les nobles artz & bien entendues de noz vieux peres sont defaillyes par long aage, tellement que ce seroit honte de dire, qu'en icelles apparoisse honneur ou fruict. Mais apres par industrie, ou continuelle diligence vient à naistre quelqu'vn qui releue l'art perduë, & deuenu maistre enseigne & prẽd des disciples, lesquelz non pas pour ce qu'eux mesmes cherchent, mais pource qu'ilz ont vn bon maistre, deuiennent tresbons ouuriers? ainsi qu'au parauant que les lettres & les artz fussent releuées, ceux qui aprenoient des ignorans demeuroient en ignorãce. Nous voyons que Alhocto maistre de paincture morte, & grand ouurier en figures dignes de rizée a remis sus ceste art, & a esté par ses disciples maintenuë, & donnée à d'autres lesquelz au plus qu'il a esté possible l'ont renduë tresdigne. L'entailler & l'architecture maistresse de sottes merueilles par treslõgue espace de temps mises en arriere, se sont releuées en nostre aage & remises en lumiere, & de plusieurs maistres polies & renduës parfaictes. Des lettres & estudes liberalles seroit meilleur s'en taire qu'en dire peu. Elles qui sont les principalles conductrices & vrayes maistresses de toute bonne art ont esté oubliées par plus de huict cens

Alhocto.

ans, en sorte qu'il ne c'est trouué homme qui en ayt eu vraye cognoissance, ny sceu vser de vn seul ornement d'icelles: tellement que tout ce que nous trouuons en papier, ou en marbre escript par Grammaire en ce temps se peut meritoirement appeller grosserie non elegante. Nous voyons auiourd'huy pour pere & ornement des lettres estre enuoyé en ce monde Leonard Aretin comme vne lumiere resplandissante de l'elegance Latine, pour rendre aux hômes la doulceur d'icelle. Au moyen de quoy, recognoisse de Dieu qui aura l'esprit d'estre né en ce temps auquel les artz excellentes florissent plus qu'en nul autre qui ait esté depuis mil ans, celluy qui tout gouuerne, par sa grace vueil le donner longue & tranquille paix à nostre pauure & humble Italye: car l'ayant obtenuë, certainement lon veoid que de ces premiers relieuemens s'ensuyuroient fruitz innumerables, propres à corriger auec le temps les grâdes fautes auenuës es trefexcellentes doctrines, lesquelles ont esté peruerties par ceux qui en ont escript es temps de si longue ignorance, & depuis estudiées auec leurs obscurs & tenebreux liures, lesquelz par certaines voyes inextricables ostent la cognoissance de la verité, & auec insolubles argos offusquent toute science: de sorte que sans aucun fruict on s'enuieillist en icelles, & ne veullent que l'habitude de ceux qui sont plus doctes qu'eux apparoisse en leurs disciples ne qu'ilz soient meilleurs, ny abreger

le temps

le temps de leur eſtude: ce qu'ilz ſont comme ie croy à fin de ne perdre leur reputacion qu'auec peine & trauail, penſans bien faire ont ilz aquiſe en leur vie. Mais ie croy qu'en brief viendra le temps qui monſtrera la Philoſophie & autres ſciences ſe pouuoir aprendre ſur les principaulx aucteurs plus briefuement & perfaictement que ſur les trop curieuſes recherches de ceulx qui ſoubz vmbre d'expoſer offuſquent les liures bien ordonnez & compoſez par les hommes de bon entendement. On cognoiſtra de brief par ſigne l'entendement bien compoſé, & qui demoure ferme & en ſoy meſmes, ne ſe deſtournant des premiers eſpritz, ains conſiderent & examinent les termes & fondementz de toutes ſciences ou artz, & y correſpondre en faict & en dict: ſachant que toute autre voye eſt vayne, inſtable & ſans fruict. Comme par ſemblable erreur (il n'y a pas long temps) on a veu pluſieurs conſumer la plus grande part de leur vie en l'art & conſtruction de Grãmaire, pource que les ignorans maiſtres, auec ignorans aucteurs enſeignans & peruertiſſans l'ordre (car liſans de Grammaire auecq' Philoſophie & toutes autres ſciences confondoient le tout) ne faiſoient autre fruict que feroit vn ſeul qui en liſant le liure d'Oger le Dannois penſeroit deuenir bon maiſtre en rithme, & puis en liſant les poëtes vulgaires, cognoiſtroit ſon erreur, ſi d'auenture l'entendement mal ſain ne l'aueugloit. Nous voyons auiourd'huy de bien ieunes

Les maiſtres cauſes de l'intermiſſiõ des bõnes lettres.

nes enfans escrire & parler en Latin auec telle elegāce que les maistres de noz peres n'eussent sceu en toute leur vie si bien parler. Doncques Franco & vous Loys, ie vous conseille de suyure les estudes ainsi qu'auez comméncé à fin que soyez entre les princes entenduz de vostre aage. Car i'espere si viuez que verrez de iour en iour, fleurir les entendemens de voz citoyens.

L'vsage est cause de renouueler les artz. Estant chose naturelle que les artz perduës retournent, quand l'vsage le permet: ainsi qu'en Grece & Rome se vid anciennement vne aage Florie d'orateurs vne de Poëtes, vne autre de legistes, de Philosophes, d'historiens, de sculpteurs, selon que parvsage chacune faculté estoit estimée & enseignée par les maistres de ces temps là. La seconde occasion pourquoy on ne deuient excellent, vient de ce que la fin à quoy nous tendons est peruerse, car bien que la fin de toutes artz soit en les perfaictemēt entendre, & se delecter en sa vraye cognoissance pour le repos de l'esprit, qui de sa nature desire entierement scauoir. Neantmoins la plus grād part des hommes errent mettans leur fin en vtilité & honneur non vray, mais seulement aparent. De la vient que ceux qui suyuent vne art seulement l'apprennent autant que la necessité les y contraint selon le cours commun des autres leurs semblables, & ne se soucyent de faire myeux, ains suyuent tousiours leurs premieres coustumes & se contentent de faire penser qu'ilz en sçauent assez pour auoir cours. Cest
erreur

erreur non seulement tient arriere les artz seruilles & meccaniques, mais encores les liberalles, par ce que plusieurs cherchent la doctrine
des lettres iusques à ce qu'ilz puissent exprimer
certaines parolles par es, & us: & leur sufit si
du vulgaire ingorāt ilz sont reputez Gramma-
riens. Autres se dient estudier en Logique, &
estre Philosophes quand seulement ilz sauent
crier es assemblées, ou souuent l'ignorance des
circonstans iuge celuy qui crie le plus estre le
plus sçauant. Ie pense qu'il en soit ainsi des i-
gnorans docteurs en Medecine & Loix, lesquelz plustost en apprennent seulement ce que
ilz en pensent vendre, qu'ilz ne cherchent la
vraye doctrine pour leur vertu, ornement, &
le salut de plusieurs, n'ayant respect qu'à l'vtilité pour toute recompense de vertu qui n'est pas
ce que requiert le deuoir de l'hōme vertueux.
Il est bien difficile de se trauailler es grandes
choses pour l'vtilité d'autruy comme le requeroit la vraye vertu, & ceulx qui l'ont faict ont e-
sté en terre aussi rares que le Phenix, plus rare- *Phenix.*
ment veu que presumé. Pour ceste cause les nōs
des inuenteurs d'aucunes artz excellentes ont
esté en grand honneur & meritoirement reue-
rez, comme ceux qui durant tout le temps de
leurs vies se sont trauaillez pour le salut vniuersel, & cōmune vtilité de l'humaine generation.
FRANC. Certainement vous auez rendu bonne responce à nostre demande, & beaucoup mieux que ne sçauions demander, si que non seulement

lement nous fommes certains l'homme eftre propre à plufieurs chofes, mais encores comment il en pourra peut aprendre plufieurs : & fi d'auantage vous auez adioufté deux ocafions qui retiennent les efperitz, lefquelles certes me fatisfont entierement : parquoy ie vous suplie pourfuyuez voftre propos, & ie vous escouteray volontiers fans vous interrompre aucunement. ANGE. Nous auons dict (fi bien m'en fouuient) auant que me feifsiez tirer ailleurs quelz debuoient eftre les exercices des enfans peruenuz à quelque grandeur. Suyuant doncq noftre ordre, les ieunes gens fuyuront en toutes chofes la commune maniere du viure plus approuuée de leur ville, conuerferont moderément, en forte qu'ilz foient non feulement fuportez ayfément, mais encores auec plaifir de ceux qu'ilz frequenteront, obeiffent à chacun en chofes honneftes, fans eftre temeraires ny prefumptueux auec leurs amyz, ne pareillemēt leurs foient contraires, mais fe portent auecq' eulx de façon que facilement ilz acquierent louange auec bonne amytié. Quand ilz font venuz à ceft aage chacun d'eux doibt confiderer les forces de fon efprit, les examiner auecq' le corps, & eflire la vie qu'il fe fentira plus propre, & en laquelle il efpere mieulx & plus dignement viure. En cefte eflection foit aduifé ne contredire à fes forces naturelles, ains conferuer celles qui fuyuent la propre nature : & bien que autres chofes fuffent meilleures, plus grandes

grandes, ou plus dignes, neantmoins mesurons nous selon nostre pouoir, & ce à quoy nous sommes propres: car on ne doibt aucunement se rebeller contre fortune, & vouloir ce que nature prohibe: aussi est ce chose vaine de suyure ce qu'on ne peult acquerir. Nulle chose se peut acquetir ou nostre nature contredit. La beauté & ornement de nostre vie est l'esgalité & conuenables aptitudes des œuures humaines, qui ne peuuent estre conseruées par vn lequel laissant les forces de la propre nature suyt autre chose. Que chascun doncques cognoisse ses forces naturelles, & soit vray iuge de ses vertuz & vices, & s'exerce es choses qu'il se cognoistra propres. Si quelquefoys la necessité induysoit operations contraires à la nature, nous deuons mettre toute cure, consideration, & diligence de les faire si ne le pouuons proprement, au moins non ordes ne vituperables. Il n'est pas necessaire aux bons d'acquerir toutes les bonnes artz, si nature les y empesche, mais de necessité on doit fuyr tout vice auquel de nature on se sent disposé. Pour à quoy paruenir chascun se doit considerer soymesme, & se cognoistre né subiect & soubmis à tous les perilz de fortune: & qui se veult garder de la varieté d'icelle n'a gueres de choses à chercher hors les vertuz de l'esprit, lesquelles seules entre les biens humains ne sont souzmis à elle. Nostre solicitude ne soit de viure, mais de bien & honnestement viure. Et soit mise à ceste vie vne certaine fin, à laquelle

L'hōme se doit cōgnoistre.

soient

soient dreſſées toutes noz operations. Tous noz erreurs viennent de ce que nous viuons ſans nous propoſer vne fin: parquoy noz œuures ſont obſcures, tenebreuſes, & non conduictes par claires voyes de nous non preueuës: & ſuyuons pluſtoſt les difficiles & incertaines, en maniere que bien ſouuent fouruoyez, & ne ſachás dire par ou y ſommes entrez n'en pouuons ſortir. Souuenteſfoys pour ceſte occaſion les choſes que premieremẽt auec peine & trauail auõs penſé acquerir nous ſont ennuyeuſes, & ſe cognoiſt n'auoir cherché choſe ferme en laquelle les appetitz des hommes ſe puiſſent repoſer. Pour eſlire la forme de noſtre vie il fault premierement auec diligence arreſter en nous meſmes qui, & quelz nous voulons eſtre, & ce que voulons deuenir. Telle deliberation eſt fort dificile ſur toutes autres. Au commencement de la ieuneſſe le conſeil & iugement eſt debile, & en ceſt aage chacun eſlit ce que plus il ayme. Celà eſt cauſe qu'au parauant que nous ayons peu iuger quelle forme de viure eſt la meilleure nous les auons quaſi toutes eſprouuées. Ce premier erreur non ſeulement eſt commun aux debiles d'entendement, car encores Hercules qui fut vertueux ſur tous les mortelz commiſt erreur ainſi que dict Xenophon, puis paruenu au temps donné à la nature pour eſlire quelle voye lon doibt ſuyure, s'en alla en longue ſolitude, & fut long temps doubteux, en ſoy meſme, voyant deux voyes, l'vne de plaiſir,

Hercules Xenophõ.

plaisir, & l'autre de vertu par laquelle il deuoit entrer, toutesfoys à la fin il suyuit la meilleure. Si ferme iugement a esté donné de grace comme lon dict à Hercules filz de Iupiter, non pas à nous qui en cest aage ny pensons gueres ains suyuons ce que nous monstre le plaisir. Les ocasions qui sans examiner nous conduisent, la ou le fort nous appelle sont diuerses. Plusieurs suyuent leurs peres, viuans selon eux: aultres sont guidez par l'aduis & iugement vulgaire, & approuuent & suyuent ce que la multitude dit estre le plus beau. Aucuns se treuuent qui par grace particuliere ou par la grande excellence de leur esprit, ou par erudition & doctrine, ou par l'vne & l'autre ont eu espace à deliberer quel cours de vie ilz vouloient suyure. En telle deliberation (comme auons desia dict) chascun remette le conseil à la propre nature, à fin que si lon cherche en toutes choses ce qui plus est conuenable à soy beaucoup plus diligemment soit regardé à ordonner toute la vie pour mieux continuer en icelle sans varier & se tourner à tous ventz. A faire telle ordonnance, nature a tresgrād force, & puis fortune apres: mais il faut regarder à tout: ce neantmoins plustost à la nature, pour estre certainement plus ferme & constante, en sorte qu'aucunefoys fortune cõme mortelle est venüe auoir debat auec nature immortelle. Celuy qui selon nostre enseignement aura confirmé tout son conseil à eslire la forme de sa vie, perseuere constamment en iceluy, car

D à gens

LE PREMIER LIVRE

à gensvertueux conuient ainsi le faire, si toutesfois, ilz ne pensoiēt auoir sailly en telle electiō: Quoy auenant se doit faire mutation, pour ce que le peu cognoistre, n'est pas reprchensible, mais s'endurcir ebettement en ce peu de congnoissance est chose fort laide: car l'vn est commun à l'infirmité humaine, & l'autre est reputé vice particulier de celuy qui fait faulte. De celà dict Hesiode: Cetuy là est tresbon qui de soy mesmes sçait tout: encores est bon celluy, qui admonnesté suyt le bien : qui de soy ne veoit, & luy estant monstré ne le faict, ne retient aucune partie de bonté. Telle mutation ne doit estre faite aussi tost que le tour d'vne rouë, mais peu à peu auec le temps, obseruant vn certain moyen qui semble tousiours estre fait auec conseil approuué. La vie esleuë & ordonnée à tresbonne fin, aysément s'acquierent tous les principes de noz biens, & auecq' celà l'homme deuient disposé à toute honneste discipline. L'ofice des ieunes hommes, est d'honorer alors les anciens qui ont vertueusement passé leur ieunesse, eslire les bons & plus approuuez, auec l'auctorité & conseil desquelz se doiuent gouuerner, & l'aage croissante soit tousiours confortée & afermée par la prudence des vieux: s'exerciter en choses penibles à l'entendement & au corps, est bon, à fin d'en dechasser toute lasciuité & appetit desordonné, & que l'industrie s'aguise & prenne vigueur es offices tant des guerres ciuiles: puis quand ilz auront

Hesiode.

volonté

volonté de s'esiouyr pour recréer l'esprit qu'ilz soient temperez, euitans honte, ce qui leur sera facile, s'ilz eslisent auoir presens des peres anciens dignes de reuerence. FRANC. En bonne volonté auons ouy voz propos, & bien heureux sera celuy qui eslira la vie auec telles considerations. Vray est qu'il semble (selon qu'auons entendu) que voulez chascun tenir vne mesme voye de vertu. S'il est ainsi, comme pourra l'vn deuenir bon moyne, l'autre bon Empereur, & autres bons citoyens? ANGE. Vostre demande m'est tresagreable, pour ce que me tirez en si belle matiere que peut estre, elle n'est surmontée de nulle autre en l'entedement des hommes: & de vray c'est elle que tous les sages Philosophes, & tresrenommez poëtes ont suyuye en leurs œuures tant loüables ou ilz traictent quelz doiuent estre les degrez & offices de la vie humaine. Esleuez maintenant voz espritz, pour entendre chose à quoy beaucoup de bons entendemens ne sont encores peruenuz, & qui peut estre pour l'aduenir requerast autres que lecteurs vulgaires. Les vertuz seulement font l'homme bien heureux, & par le contraire les vices le rendent miserable.

Il y a quatre vertuz vulgairement appellées cardinales, c'est à sçauoir Prudence, Force, Temperance, & Iustice. Chascune d'icelles s'exercite en quatre manieres differentes, selon quatre generations de vertu que chascune tient en foy. Les premieres sont appellées ciuiles, les se-

Quatre vertus cardinales.

D ii con-

Vertuz ciuiles purgatrices d'espritz, purgez. Exemplaires. Prudéce.

condes purgatrices, les tierces d'espritz desia purgez, & les quatriesmes exemplaires ou bien diuines. Selon les vertuz ciuiles c'est le propre office de Prudence de dresser toute nostre pensée & action auec raison en louable & honneste fin, ne vouloir ny faire chose qui ne soit hôneste, ains pouruoir à toutes noz operations auec raison & parfaict iugement. Force ne doit

Force.

craindre aucune chose, sinon honte & vilanye, ains surmonter tout honneste peril, & auec franche hardiesse soustenir toutes aduersitez, & en prosperité se conseruer constante & arrestée.

Temperance.

Le propre de Temperance est ne desirer chose, dont lon se puisse repentir, ne exceder le frein de la loy naturelle, soubz mettre les appetitz & cupiditez, les rédre obeissans au ioug de vraye raison, viuant en modeste abstinence, & chasteté.

Iustice.

Iustice ciuile seulement conserue à chacun ce qui luy appartient, punist les mauuais, exalte les innocens, remunere les vertueux, conserue, augmente & maintient les lignages, affinitez, amytiez & concordes de la multitude humaine. Auec ces vertuz les hommes bons premierement gouuernét eulx mesmes & leurs affaires, & apres qu'ilz sont deuenuz gouuerneurs de Republicque l'augmentent, conseillent & defendent. D'elles procede la pieté es peres, l'amour es enfans, la charité des parens, la deffence des amyz, & finalement le gouuernement public, & vniuersel salut de la ciuile vnion & concorde. Les secondes vertuz se nomment

purga-

purgatrices, & sont propres de ceulx qui cherchent les choses diuines, disposez d'eux purger de toute faulte corporelle, despriser les choses terrestres, & seulement entendre aux considerations celestes. Prudence en ses vertuz est mespriser le monde par seule contemplation des choses supernelles & dresser toute nostre pensée en la cogitation d'icelles. Temperance se doit abstenir de toutes choses, ne vouloir ny chercher aucune d'icelles hors la necessité naturelle du corps. Force soit sans paour constante & ferme en tout tourment & peril, ne doubte la mort du corps, esperant tousiours parfaict salut de l'ame entre les eternelles beatitudes. Iustice ne doit errer hors de son propos, ains suyure par mesme voye, ainsi que le deuoir des vertuz dessusdictes le requiert. Par ces vertuz les hommes deuiennent bien heureux, & vrayement cognoissans les choses diuines. Mais es hommes oysifz viuans en solicitudes & esquartez de toute publicque action sans aucune vtilité du viure commun des autres mortelz, seulement ententifz à leur propre salut. De ceux cy est leu es liures sacrez. La simple saincteté à soy seul rend proffit. Et Daniel prophete à la *Daniel.* fin de sa vision vid les bons reluyre comme si se fussent estoilles, les entendans estre semblables au firmament celeste: en maniere que la simple bonté estoit parangonnée aux estoilles, & la iuste doctrine sembloit estre leur ciel. Les vertuz tierces sont apellées d'espritz ia purgez, purs

D iii &

& netz de toute macule, abstraictz & deiffiez en ioye perpetuelle. La prudence desquelles sont les choses celestes & diuines, non par comparaison eslire ou proposer, mais seulement les cognoistre & gouster, & en icelles se delecter, come si nulle autre chose fust. Temperance est ne refrener les cupiditez terrestres, ains en tout hots de soy les tenir ny iamais s'en souuenir. Force ne doit auoir aucune passion en soy, & encor moins sçauoir que c'est d'estre contente & sans desir d'aucune autre chose. Iustice est conseruer & garder l'ordre perpetuel de l'esprit diuin, & par continuelle imitation s'aioindre, & le plus qu'il peult se faire semblable à icelle. Les quatre vertuz sont seulement en la memoire diuine, espece parfaicte, & bien vniuersel, de l'exemple desquelles tout autre bien procede, & toutes autres vertuz en viennent, car elles sõt engédrées d'elles mesmes sans origine. Prudence est icy l'entendemét diuin disposant & gouuernant tout l'vniuers. Temperance en elle mesme regarde, conseruant son intention propre perpetuelle. Force est tousiours cela mesme, ny iamais se mue. Iustice perpetuellement garde la mesme loy continuelle en ses œuures eternelles, ny iamais ne s'esloigne d'icelle.

En ceste maniere ont esté considerées par les excellentz espritz quatre generations de vertu. Les premieres desquelles mortifient les pechez. Les secondes les purgent & les nous ostent. Les tierces les mettent en oubly, & deuiennent en
tout

tout nettes. Et quant aux quatriesmes il n'est aucunement licite les nommer. Cecy entendu vostre demande vous doit estre claire, & principalement comment par mesmes vertuz on deuient bon en diuerses formes de vie, & comme par icelles mesmes l'homme peut deuenir bien heureux, & auoir cognoissance parfaicte de la diuine essence. Nous procederons selon les vertuz ciuiles suyuant nostre propos comme ç'a esté tousiours nostre intencion, & aussi ie croy que l'ayez ainsi entendu. Maintenant doncq' vous pouuez cognoistre que la vie solitaire est postposée à ceste cy, & les autres deux comme supernelles ne sont propres aux hommes. Reste maintenant qu'il ne se fait en terre chose plus chere ne plus aggreable à Dieu, qu'auecques Iustice & amytié gouuerner les congregations & multitudes d'hommes. Aussi Dieu promet aux iustes gouuerneurs des villes & protecteurs de la patrie vn lieu determiné au ciel, au quel eternellement ilz viuent bien heureux auec ses sainctz, ainsi que le monstrerons clairement auant que soyons paruenuz à la fin de nostre discours. Retournant doncq' à nostre propos nagueres delaissé: Le ieune homme disposé a si vertueuse vie soit amateur de toute vertu, s'efforce auec diligence & raison surmonter tous autres, mettre peine de cognoistre quelles sont les parties de sa vie, & à quelle fin: à fin que comme les corbeaux il ne soit mené de iour en autre à l'auenture, ains de bonne heure pour-

D iiii   uoye

noye à l'ordre vniuerfel de fa vie. LOYS. Certes voz enfeignemens nous font tresbons, & cognois bien qu'en recepurons grand fruict, & feront trefvtiles, & nous auez fi bien ouuert le vray ordre de toutes vertuz, que ne puis croire que nul autre maiftre le fceuft mieux exprimer. Maintenant voyant les ieunes hommes s'accroiftre en fi bonnes artz, & que voulez dire plufieurs chofes, i'ofe vous demander auant qu'entriez en plus haultes matieres, fi les bons enfans doiuent toufiours obeïr à leurs peres en toutes chofes. ANGE. C'eft tresbien fait de quelque foys me faire fouuenir de ce dont auez befoing & fi en meritez louange, tant pour ce que la memoire n'eft pas prompte à toutes chofes, & ne fe peut fouuenir de tout, qu'encores pource qu'il fault que l'entendemét de celuy qui veult eftre bien affeuré demande, autrement fa volóté ne feroit fatisfaicte. D'auátage voftre demande eft fort profitable, car les loix de toutes les obeiffances humaines fe deuoir affugectir à l'obeiffance du pere. Partant de cefte matiere me eft venu en memoire, qu'eftant ieune enfant & auditeur d'vn fort docte maiftre, i'allois quelquefoys à l'esbat auec deux de mes compagnós entre lefquelz fut fouuent quelque volontaire diffention, pour ce que l'vn difoit fe debuoir toufiours obeyr aux commandemens du pere. L'autre fouftenoit tout le contraire. Cefte derniere opinion qui de prime face fembloit infame & digne de hayne commune, fe prouuoit en ceste maniere.

Ton pere (dict il) te commande choses louables & honnestes, ou il te commande choses vituperables & vilaines: si honnestes tu les dois faire, non par commandement du pere, mais pour ce qu'ainsi le faire est œuure vertueuse & iuste. S'il te commande choses vituperables, tu ne les dois aucunement faire: car il ne fault faire chose indigne, ainsi tu ne dois obeyr à ton pere. L'autre contredisoit, soustenant se deuoir suyure en toutes choses ce qui plus estoit conuenable, & nulle chose estre plus conuenable que d'obeyr à celuy auquel l'on se sent obligé: Or sur toute chose le filz est obligé au pere, il doit donc luy obeyr. Disputans sur telle question delibererent d'eux en certifier par nostre maistre: au moyen de quoy venuz en sa presence, & sur ce demandans son aduis luy tresprudent respondit. Mes enfans en toutes œuures humaines les extremitez sont vicieuses, parquoy ne l'vne, ne l'autre de voz sentences n'est bone, mais seulement le moyen est bon & approuué Les choses doncques qui d'elles mesmes sont iustes & honnestes, comme aymer les vertuz, deffendre la patrie, obseruer l'amytié, comment que ce soit se doiuent faire le commande le pere, ou non, & s'il l'empeschoit, qui seroit contre son office. Les contraires à ceste cy comme faire suyure les vices, contreuenir à la patrie, offencer les vns, violer ses parentes ne se doiuent faire, encores que le pere les comman-

mandaſt. Seulement les choſes appellées moyennes doiuent eſtre faictes par commandement du pere: à ſçauoir les œuures qui d'elles meſmes ne ſont ny bonnes ny deshonneſtes, mais ſelon qu'elles ſont faictes ſe louent ou ſe blaſment. Comme quand le pere commande à ſon filz d'aller aux champs, prendre femme conuenable, s'habiller à ſa fantaſie, aller auecq' luy quand bon luy ſemble, quand il ne le veult ſe en abſtenir, & pluſieurs autres choſes ſemblables ſi ne luy obeyt en cela il ſeroit vituperable, & n'eſtans point commandées, n'eſt deshonneſte ne les faire: entendant telles choſes ſans addition d'aucune infamie qui les gardaſt d'eſtre moyennes, ains demeuraſſent abhominables: comme prendre femme impudicque, ſe veſtir delicatement & trop laſciuement ou trop groſſierement & deshonneſtement. Telle fut la ſentence du bon precepteur, qui doit eſtre fermement arreſtée en l'entendement d'vn chacun & ſelon icelle donner & receuoir la commodité entre les beneuolences & amytiez humaines. Nous approuuaſmes tous ſon iugement, que ne nous fut non moins cher que ioyeux, & luy reſpondiſmes: Le plaiſir & l'vtilité que receuons de voſtre parler, fait que volontiers vous faiſons des demandes: parquoy s'il ne vous ennuye rendez nous s'il vous plaiſt certains, d'vn autre doute que nous auons diuerſement diſputé ces iours paſſez. S'il aduenoit que le filz fuſt conſtitué en quelque magiſtrat public, & le pere
en

en priué, lequel des deux doit preceder & eſtre le plus honoré? Ie ſuis treſaiſe (dit il) de ſatisfaire à voſtre demande, & à toute heure ie me doy diſpoſer à voſtre erudition: en ſorte que enquis de vous de choſe qui puiſſe augmenter voſtre doctrine, ce me ſeroit honte la vous deſnyer. Eſcoutez, car en ce cas s'appartient diuerſe cõſideration, pour ce que ſelon iugement approuué par bons aucteurs en tout lieu public, & en toute ſolemnelle congregation, ou celebrité ciuile, qui ſe fiſt par ordre ou publicque couſtume, l'auctorité & raiſon paternelle doit ceder & honorer la dignité du filz. Si hors d'aucun acte ou ſolemnité publicque en lieu priué on ſe veult aſſeoir, ou en conuy, ou bien s'il ſe faiſoit quelques aſſemblées pour feſtes domeſticques, ſoit alors retiré l'honneur public du filz, & l'hõneur naturel du pere demeure le premier, & le plus digne. Le maiſtre ne s'eſtendit en plus longue reſponce, & il nous ſembla en auoir aſſez receu. Nous rapportaſmes de luy alors ces deux enſeignemens: & ie notay, en ſorte que pluſieurs foys me reuenans en memoire ie les ay trouuez treſdignes. Les ieunes gens doncques paruenuz en aage deuront retenir en leurs entendemens, les diſciplines & bonnes artz cy deſſus ſpecifiées, auec tout enſeignement de vie vertueuſe, & honeſte: puis quand ilz ſeront venuz à l'aage viril, aptes & puiſſantz à toute œupre louable: leur office ſera d'exercer ces vertuz là durant toute leur vie tant en priué que public

blic: autremeut le bien entendre ne feroit iamais digne de grand gloire fans le bien vfer. Or on ne peult pas bien faire, fi premierement en faifant lon ne s'acquiert le plus hault degré des œuures humaines. D'ou aduient que faifant mal l'homme deuient trefmauuais, & es bonnes œuures s'acquiert trefgrand vertu. En quelque exercice qu'on f'adonne il fault qu'on fuyue les plus fouuerains maiftres, puis en tous noz faictz & dictz, ce que licitement fe peult faire, pour ce qu'en telle obferuance eft conftituée toute noftre honnefteté, & au mefpris eft trouuée noftre turpitude.

Fin du premier liure.

LIVRE SECOND DE MATHIEV PALMIER DE LA
Vie Ciuile à maistre Alexandre des Alexandres.

Encor que les Florentins soient bien asseurez, Alexandre cher amy, que tu es abondamment remply de toutes vertueuses meurs, tant pour la bonne disposition de ta nature, comme pour les approuuez enseignemens de Hugues ton pere, & de tes autres si renommez predecesseurs, qui auec doctrine & louables exéples doiuent beaucoup ayder ta si honeste forme de viure: i'estime neantmoins la composition de nostre premier liure, duquel (comme ie croy) auras prins non petit plaisir, t'auoir esté agreable, pour ce que (si ie ne m'abuse) les enseignemens des anciens Philosophes sont grandement vtiles à gouuerner & conformer l'estat de nostre vie.

Philosophie medecine de l'esprit

Philosophie est la premiere & vraye medecine de l'esprit purgeant les solicitudes & passiós, & relegant les cupiditez & appetitz desordonnez: deschasse toute crainte de l'entendement. Toutesfoys elle ne sert pas chacun de puissance pareille: car quand elle se conioint auec nature accommodée & bien conuenable, elle fait beaucoup plus de fruict. Sur tous animaux Dieu crea l'homme esleué hault, & apte à despriser

toutes

toutes choses terrestres, & propre auec tresbône disposition à suyure les eternelles & se rendre semblable à elles. Mais la diuersité des disciplines nous desuoyent & retirent du droit chemin: tellement que peu souuent se treuue home qui soit sufisamment disposé & confirmé d'esprit & de vie en telle sorte que sa science & doctrine sans demonstrance de vaine opinion & sans la loy de bié viure, luy face desirer & chercher la vraye & droite vie: pour ce qu'en tous ses faictz & dictz, il obeyt à soy mesme & à sa propre raison. Aussi voit on bié souuét plusieurs personnes sçauantes si legieres & de si grande obstination & presompcion qu'il leur seroit beaucoup meilleur n'auoir iamais estudié. Aucuns sont auaricieux, autres appetent vaine gloire, non peu esclaues de luxure & passions effrenées, choses qui es hommes studieux sont tresexpressement abhominables. A ces causes certainement on veoid les estudes de Philosophie, & de toute autre louable science ne faire esgalement & semblable fruict en chascun: & comme les champs bien cultiuez ne fructifient en mesme sorte, mais pl⁹, la terre est meilleure plus ilz raportét de fruict, ainsi les hommes bien enseignez ne deuiennent tous bons, ains retiennent l'auantage de leur bonne disposition. Si le bon champ n'est bien labouré il ne peult fructifier, aussi l'entendement sans doctrine ne peult de soy donner bon fruict, & tousiours la nature sans art, & l'art sans la nature se trouuent debiles.

Gens d'estude doiuent fuyr les vices.

biles. Qui suyt ses appetitz, & n'est disposé de obeyr au ioug de raison, incontinent est adonné aux plaisirs mondains, ie n'estime noz remonstrances luy estre vtiles. Ceux qui veulent refrener leurs appetitz & les tenir souz la garde de l'esprit obeissans à la vraye raison, sont asseurez qu'ilz rapporteront de noz enseignemés fruict tresabondant, & si pourront de beaucoup ayder leurs bonnes intentions. Retournans donc à nostre traicté repetons ce que au premier liure est briefuement exposé, comment se doit esleuer l'enfant ordōné à deuenir bon citoyen nous l'auons soubz bonnes disciplines conduit iusques à l'aage parfaicte de l'homme: S'ensuyt le liure second auquel nous enseignerons en quelle maniere en la vie ciuile lon se doit gouuerner à exerciter l'homme es faictz dignes des operations vertueuses, monstrant comme lon vid prudent, temperé, & fort, qui sont trois des principales parties en quoy consiste toute honneste ciuilité. A la iustice comme partie excellente & plus digne nous reseruons le troisiesme liure: auquel ie supplie la diligence de celuy qui lira: car i'estime qu'il soit ioyeux & profitable, & si trouueront choses nouuelles peult estre nō oyes par le passé des lecteurs vulgaires. Entendez doncq', à fin que cognoissiez ce qu'il peult rendre, & conduire nostre vie contente.

FRANC. Il ne se pourroit ymaginer combien i'ay esté satisfaict de voz propos, & peult estre plustost m'ont ilz aydé, en sorte qu'oncques ne

me-

me veiz si disposé de viure que suis à present, voyant le fruict que nous retirerons de vous: parquoy ie vous pry cōtinuëz, car vous ne pourriez nous faire plusgrand plaisir. ANGE. Escoutez bien, car nostre œuure se cōmence à hausser & vous reciteray plusgrādes choses, pource que parauant nous auons mostré soubz quelles disciplines & artz l'homme croist bien enseigné en la forme de viure vertueusement. Pour l'aduenir nous suyurons comment lon se doit trauailler en faictz & dictz dignes de gloire, si que par le passé nous auons entendu à bien aprendre, pour l'aduenir nous entendrons à bien & vertueusement viure. La volonté & l'aduis des aucteurs approuuez est de suyure plustost ce qui est le plus conuenable & apte à nostre nature, que nulle autre chose. Et pour monstrer quelles sont ces choses qui nous viennent de l'ordre de nature. Ilz dient que tout animal si tost que il est né cherche la propre conseruation de sa vie & n'a autre soing qu'à se maintenir & iamais ne laisse ce qui luy peult ayder, ains cherche & amasse tout ce qui luy semble necessaire pour sa vie, & à se pouuoir deffendre & conseruer en propre nature, & non seulement c'est chose narelle en l'apetit de chacun de desirer son propre salut, mais encores la multiplication & accroissement de son espece. De là vient à tous les animaulx vn commun apetit de conionction d'ou ilz puissent procréer les petitz, & accroistre & maintenir leur espece, puis quand sont

Nature des animaux.

nez

nez ilz en prennent vn tresgrand soing, & s'eforcent de les esleuer & conduyre à l'estat perfaict de leur nature. Les hommes surpassent les bestes par la raison de l'esprit, & par la puissance de pouuoir exprimer toute volonté conceüe, en quoy nulle beste ne participe. Il y en a toutesfois qui es sens, appetitz, & puissances corporelles passent les hommes, mais seulement quãd le sens les tire aux choses presentes, car quant à la cognoissance du passé ou de l'aduenir, ilz en ont peu ou point. L'homme est acompagné de raison, auec laquelle repettant les choses passées, il examine & iuge les presentes, & preuoit les futures: parquoy il cognoist ayfément tout le cours de sa vie, & cherche tout ce qui luy est necessaire pour le gouuernement d'icelle. De telle commodité naissent les amytiez, les lignages & affinitez des hommes, les conuersations & mysteres de la vie humaine. Parquoy les hommes se sont quasi reconciliez en vnion. Les villes & citez en ont prins leur commécement esquelles l'vsage & conuersation ciuille ont monstré infinitz profitz desquelz nous auons premierement preueu à la necessité, puis à l'augmentation & decoration de nostre vie. Pour confirmation dequoy les loix diuines & humaines ont esté, sçauamment constituées & formées, dont le premier inuéteur, est le Dieu omnipotent, auquel qui n'obeira endurera tresgrieues peines, bien qu'il euite les tourmentz des juges terrestres. En ce commun viure nous cherchons

L'homme different de l'animal.

Commencemét de villes & citez.

chōs deux tresprincipaulx biens, à sçauoir l'hon
nesteté, & quasi auecques semblable raison le
proffit non trop esloigné d'icelle: toutesfoys
nous n'ignorons pas selon la science plus subtile que l'honnesteté & l'vtilité sont conioinctz
ensemble, & ne se pouuoir aucunement diuiser. Mais suyuans la commune vtilité nous ne
parlons pas des bontez faintes & simulées, ains
de celles qui pour l'vsage de la vie ont esté trou
uées par les hommes vertueux. Doncques pro-
cedons selon science plus grossiere, iugeāt que
les bons sont ceux desquelz la constance, la foy
l'equalité, & iugement sont approuuez.
Ceulx cy doiuent principalement tousiours esli
re les choses honnestes, & auecques icelles adiouster les vtilles, ainsi que le souffre la qualité
de la matiere, en laquelle ilz se trauaillent. Or
puis que l'honnesteté & l'vtilité sont la matiere
en laquelle les hommes doiuent viure, & nous
entendons parler des exercices de la vie ciuile,
il est raisonnable que là dessus nous formōs nostre deuis. Nous traiterons donc premierement

*Hōneste-
té.
Vtilité.*

de l'hōnesteté & de ses parties. Puis au second
lieu nous parlerons de l'vtilité, demonstrant
mesmemēt selon les doctes en quoy priuément
ou publicquement elle est appliquée. Il y a qua

*Quatre
membres
de vertu
ciuile.*

tre membres principaux de vertu ciuile comme
nous l'auons desia dict: de l'vn desquelz est necessaire que toute chose honneste ayt son commencement.

Le premier s'apelle Prudence, & consiste en

vne subtille inquisition & ingenieuse volonté
de trouuer la verité de toute chose, & la monstrer auecques raison. Le second sera Iustice,
mais pour ce que i'en parletay au troisiesme liure, ie mectz premierement Force & Modestie.
Force requiert fermeté insuperable d'entendement constant & grand en la deffence du deuoir & raison de chascun. Modestie en tous *Modestie.*
noz dictz & noz faictz conserue en ordre tout
moyen raisonnable, refrenant les appetitz des-
raisonnables, & auec vne certaine moderation
mesurée retient auctorité & decoration digne *Iustice.*
de nostre viure. Iustice comme Royne & maistresse des autres vertuz contient en soy toutes
les autres. La proprieté d'icelle est conseruer
les coniunctions & amytiez des hommes, donner à chascun ce qui luy apartient, & obseruer
la foy es choses promises. Ces quatre sont toutes côiointes ensemble, & en plusieurs endroitz
employées côme procedans d'vn mesme corps,
& neantmoins chascune d'elles de par soy a office particulier & propre non autrement que les
membres humains, lesquelz conioinctz & assemblez à vn mesme corps exercent diuerses o-
perations:& bien que chascun d'eux ayt son office propre, toutesfoys l'vn a souuent besoing
de l'ayde des autres. LOYS. Ie vous asseure
que de plus en plus me croist la volonté de vous
ouyr, & voy bien que le plus qu'il vous est possible, vous entrez en belle matiere pour enseigner nostre vie. D'vne seule chose vous veux

E ii   prier

prier, c'est que procediez auec ordre aparent, à fin ce que chascun puisse clairement entendre quelz sont les propres offices de chascune vertu, desquelles vous voulez parler. ANGE. Ie m'efforceray le plus que pourray de parler clairement de ces vertuz, mais s'il vous plaist ie mettray entre vous vne seule loy, sçauoir est, que estant mon parler intelligible en tant que la chose dõt lon parlera le pourra permectre, vous ne m'interrompiez, à fin de resserrer le plus que nous pourrons l'habondance de nostre matiere. LOYS. Nous voulons vous obeyr en tout, & estre contens de vostre iugement, & tiendrons vostre aduis pour ferme & stable, poursuyuez doncques quand vous plaira, car vous ne serez plus interrompu de nous, pourueu que mectiez fin à la promesse que nous auez faicte, qui est de nous faire entendre clairemẽt le meilleur gouuernement de nostre vie. ANGE. Ie ne fauldray de chose que vous aye promise, & sera l'ordre tel que (cõme i'espere) il sera fruict: entendez seulement en sorte que ne soit vostre faulte d'auoir peu aprins.

La premiere de ces vertuz selon nostre ordre, est nommée Prudence, qui se trauaille à trouuer la vraye verité de toutes choses. Au moyen de quoy elle est estimée conuenir grandement à nostre nature, pour ce que tous hommes selon leur naturel desirent sçauoir & auoir vraye cognoissance de toutes choses, à fin que par leur ignorance ne suyuent quelque erreur dont ilz

foient

soient deceuz à leur honte. Le sage desire sur tout euiter telle ignorance, & pour ce es considerations des choses il employe temps & diligence. Subtillement les examine, & auec vrayes raisons les entend & iuge, d'ou puis apres aysément il eslit & retire la meilleure partie: celà s'entend non seulement d'aucunes simples choses diuisées (comme seroit de bié gouuerner les enfans, ou preseruer & maintenir la propre santé) mais vniuersellement de tout le cours de la vie humaine: parquoy se dict estre office d'homme prudent sçauoir bien conseiller de toutes choses louables & vtiles au gouuernement vniuersel de bien & iustement viure, diffinissant prudence estre la vraye habitude, qui auec raison examine & entend tout ce qui est bien ou mal à l'homme. Telz hômes sont estimez tresaptes & propres aux gouuernemens des Republiques, & de toute chose priuée: pour ce que ilz entendent subtilement, & des choses entenduës seulement veullent ce qui est de droict & honneste. Estant le propre office de l'homme prudent, sçauoir bien conseiller, & ne se pouant bien conseiller si premierement l'entendement ne discerne la verité, moyennant laquelle il cognoisse ou euite les choses proposées, est necessaire entendre quelles sont les parties demonstrans la verité de toutes choses. De quatre parties principalement on a la vraye cognoissance: assauoir, de l'intellect de science, de l'art, & de sapience. Intellect est vne force

E iiii natu-

naturelle qui nous ouure les principes vniuerselz, desquelz sont prins les fondemens des ex-
amens, & noz iugemens, comme entendans
le mauuais ne se pouuoit garder de faire mal
pour l'amour de vertu, est necessaire le restrain
dre par crainte de peine. Semblablement cognoissant que tous hômes par nature cherchêt
se faire vertueux, se conclud vn chascun se deuoir conseiller à icelle, bien qu'il ne nous en
succede autre commodité, pour ce que selon
science subtile lavertu seule est susisante à bien
viure. Encores plus proprement dient l'intellect estre des principes qui n'ont raison, assauoir
que par effect s'entendent certaines premieres
puissances, desquelles les vrayes raisons de pou
uoir demonstrer pourquoy il est ainsi, sont celées. Comme le feu estre chault, les hommes
faictz raisonnables, & les bestes sans raison.

Autre di-
finition
d'esprit.

Science. Science est vraye cognoissance des choses certaines. Et les choses sont seulement certaines
qui ne peuuent estre autrement. Et les choses
eternelles sont seulement celles qui ne peuuêt
estre autrement. Science doncques est seulement de choses eternelles. Es choses qui peuuent estre, & non estre, ne sera iamais certaine
science, mais plustost, opinion, ou foy qu'il soit
ainsi. On se trouue souuent deceu en l'opinion,
& iamais en la science, pour estre tousiours certaine. De là vient que toutes les choses desquel
les maintenant lon a vraye science ont tousiours
esté ce qu'elles sont & pour l'aduenir seront
tousiours

Opinion.
Estime

toufiours de mefme. Si celà n'eftoit point les artz n'auroient aucune certaine doctrine:& fans doubte la peine prinfe par les anciens euft efté vaine, & maintenant les eftudians perdroient leur temps, fi les medecines qui guariffoient il y a mil ans les fieures, ne gardoient continuëllement le mefme effect: & les loix qui par le paffé ont efté trefiuftes,n'eftoient en tout temps & en tout lieu fainctement retenuës & approuuées. L'art auec raifon eft l'ouuriere des chofes qui peuuent eftre & non eftre, & fe faire autrement qu'elles ne font. En vfant d'art il en doit fortir quelque chofe faicte, qui premierement foit confiderée qu'entenduë, pour ce qu'autrement ce ne feroit auec raifon, & s'appelleroit ruyner l'art. Sapience eft vne efleuée confideration des chofes fupernelles admirables & diuines,& contient en foy efprit profond,&vraye fcience des chofes trefprecieufes. Parquoy elle eft pluftoft appellée fcience excellente des chofes diuines que humaines, & les entendemens efleuez de ceux qui deprifans le monde cherchent & font en meditation des biens celeftes, & diuins font appellez fages & non prudentz, pour ce que prudéce s'exercite feulemét à l'endroit des chofes humaines. Il y a trois chofes principalles de cefte vertu, affauoir, Memoire, Intelligence, & Prudence. Memoire retient les chofes paffées,& les ramentoit, à fin qu'elles luy foient fondemét à iuger les prefentes ou celles qui doiuent aduenir. Cefte premiere procede

Que c'eſt art.

Sapience.

Memoire.

E iiii   par

par don de nature, puis s'augméte grandement, se faict vniuerselle & ample en la continuelle lecture des histoires anciennes, & en escriuent les prudentz vieillardz, souuent escripre, reciter, parler, & auecques soy mesme reconsilier tout ce qui a esté faict ou dict estant digne de memoire. Intelligence demonstre les choses presentes: nous faict bons examinateurs, d'icelle myeux cognoissans, & vrays iuges: Prudence nous admonneste comment les choses futures doibuent aduenir: nous faict iuges expers de ce qui n'est encores faict, à fin qu'auecques arbitre (quasi diuin) puissions pourueoir à tout. Estant desia suffisamment entendu en quoy consiste Prudence, & auec quelles parties elle est conioincte, & ayant dict que l'ofice propre du prudent, est de bien conseiller, il est necessaire considerer que c'est de conseil. Tout conseil doit estre de choses possibles, & que celuy qui les conseille les puisse faire, & ne se facent tousiours en vne mesme sorte, autrement seroit folie, comme de ceulx qui conseilleroient mettre à sec la mer mediterranée: ou qui penseroit seul esplanader les montaignes, Celuy qui penseroit monstrer combien de faces peut auoir vn corps carré, veult encores estre estime conseiller. C'est vne sotte entreprinse, que le cordonnier conseille en quelle sorte se doiuent interpreter les loix ciuiles, comme se doiuent administrer les Republiques, ou en quelle sorte proceder au faict des guerres: pour ce que les choses gran-

Intelligēce.

Prudence

Conseil.

Chacun iuge de son art.

grandes requierent auoir beaucoup veu, leu, & auec diligent examen pourfuyuy à en eſtre ſuffiſant adminiſtrateur: auſsi eſt il bien raiſonnable que ce qui appartiét aux medecins leur ſoit demandé, & que les mareſchaulx exercent l'art de forger. Celuy ſera touſiours bon conſeiller qui conſeillera des choſes qu'il entendra: des autres touſiours ſera impoſsible bien cõſeiller. Es choſes certaines n'eſt beſoin de conſeil, ains ſeulement il demeure es choſes doubteuſes ou noz aduis ſont differentz. Conſeil veult eſtre donné poſéement, meur, & bien examiné, & puis l'execution treſdiligente de l'election faicte. Lon ne void iamais conſeiller de la fin, mais comment & par quelz moyens on pourra venir à la fin. Auſsi les medecins ne conſeillent de la ſanté, mais en quelle maniere le patient peut eſtre rendu ſain. En la Republicque ne ſe conſeille de la paix, mais auec quelz moyens elle ſe peut acquerir: es artz moindres, le cordonnier ne ſe conſeille point s'il fera des ſouliers, mais comment, & auec quoy il les fera. La ſanté, la paix, & les ſouliers, ſont eſleuz, & fermes en l'entendement, pour la fin à quoy ilz tendent, & à laquelle ſe dreſſe chaſcune operation de l'art. Lon ne donne pas conſeil de ce qui eſt eſleu, mais il ſert à trouuer la maniere de paruenir à la choſe qui eſt eſleuë. En chaſcun conſeil celuy qui auec ſimilitudes raiſonnables paruient au meilleur, eſt bon conſeiller. Qui conſeillera ce qui ſeroit beſoing, auec faulces

Comment ſe doit dõner cõſeil.

raiſons

raisons, sera mauuais conseiller, encores qu'il obtienne ce qui estoit de droict. Tout conseil doit estre franc, vray & ouuert. Chascun demande premierement la liberté à soy, puis hors de soy quand à soy il se fault garder qu'aucune particuliere commodité n'empesche la verité. Hors de soy se faut aussi garder que crainte, hayne, ou esperance d'amytié, ou frayeur de puissance, né nous attire au contraire de ce que cognoistrons le meilleur. Le seul bon conseil fait bien cognoistre ce que tu conseilles : il tire à soy la vertu cy dessus escripte, & ses parties ia demonstrées. Le conseil sera trouué bon, qui auecq' bonnes sentences, parolles apropriées & intelligibles sera recité en son ordre propre, sans similitudes impertinentes ou parolles ambiguës. En prudence fault tresexpressémét euiter deux vices: L'vn, que ne croyons facilement les choses faulces, esquelles inconsideréement consentons, pour lequel vice euiter est necessaire cautement & tresbien examiner toutes choses.

L'autre est, de ceux qui mettent trop grand sollicitude es choses obscures, penibles, inutiles, & sans aucune necessité. Qui se separe de telz vices, & met diligence & cure es choses honnestes & dignes de cognoissance, desquelles il retire commodité priuée ou publicque est meritoirement digne de louange. Ceux qui consument, ou (si i'ause dire) perdent leur temps en artz obscures, dificiles, & sans aucune doctrine de bien viure, sont dignes de honte vniuerselle:

Quel doit estre le cõseil.

Vray conseil.

Conseil ouuert.

Vices que il fault euiter en prudence.

Artz dificiles & sans profit ne doiuent estre cherchées.

selle: pour ce que sçauoir prouuer à vn homme qu'il ne soit homme, qu'il soit vn Asne, ou ayt des cornes n'appette aucun profit: mais luy demonstrer qu'il est né à vertu, & comme on la doibt exercer seroit vn bien commun à plusieurs.

Alexandre le grand est reputé digne remunerateur de tout labeur humain. Car luy estant presenté vn maistre tant experimenté, à tirer de la serbatane que auec son industrie, il entreprenoit de tirer vn quarton de poix tous l'vn apres l'autre estans fichez au bout d'vne aigule, sans faillir d'vn seul grain: Alexandre en auoir veu la preuue, loua grandement telle industrie comme chose admirable. Le maistre esperoit auoir quelque grande remuneration (comme c'estoit la coustume de ce Roy de faire aux hommes de esprit) mais il luy feit bailler dix muys de poix. Recompence certes conuenable à si grand industrie exercitée en telle œuure. Or ayant sufisamment parlé (comme il me semble) de la premiere partie de l'honnesteté, nous suyurons maintenant nostre ordre & dirons que des trois parties Force est la premiere, laquelle auec entendement esleué & grand faict que les maistres mesprisent les biens terrestres, & se mettêt de propre mouuemét en peril, soustenás peines & passions quand ilz les cognoissent vtiles à plusieurs. En ceste vertu est posée ferme grandeur d'entendement, constant & inuincible, combatant pour la raison. Son premier bien

Digne recôpense de Alexádre.

Nota de vn tireur de serbatane.

Force.

est

Biens de force. est, qu'elle faict les hommes grandz disposez à administrer & conduyre choses grandes & nobles auecques vne constante franchise, d'esprit stable, esleué & ferme, n'ayant paour d'aucune chose, sinon de pauureté infamie à bon droit: ne craignent inimytié, peines, douleurs, bannissementz, ny aucune espece de mort: pourueu toutesfoys qu'il cognoisse (se soubmettant à telz perilz) bien operer, & ne luy estre aduenuz par sa faulte. L'homme fort, asseuré, sans paour, crainte ou frayeur, va seurement à tout peril, ou & quand il en est besoing. Qui se soubz met à peril quand le besoing ne le requiert, n'est fort ains cruel & bestial, pource que ceste vertu combatte seulement pour l'honneur. Nostre entendement est diuisé en deux parties, l'vne desquelles est raisonnable, & l'autre sans raison. La principalle force des hommes est celle qui faict que la raison domine & maistrise les appetitz, & virilement resiste à soymesmes, retenant la sensualité soubmise à la vraye cognoissance. L'intellect est vne force propre de l'entendement, & nous est commun auecques les creatures celestes.

L'entendement diuisé en deux parties.

Appetit. L'appetit est force corporelle qui nous est commune auecques les bestes. Par les forces de l'entendement nous sommes sur tous les anymaulx terrestres. Mais par les forces du corps nous sommes vaincuz de plusieurs. Il se trouue assez d'anymaulx beaucoup plus grandz, puissans, hardis, adextres, & bien courants, que l'hôme

Force de l'entendement.

Forces corporelles.

me & autres qui nous surmontent à ouyr, odorer, veoir, & gouster, de l'atouchement charnel du manger, & conuerser ensemble, infiniz anymaulx en ont plus grand plaisir. Mais pour-ce que les forces corporelles sont par nature propres à seruir c'est pourquoy elles sont serues des hommes. Les forces de l'entendement sont celles qui dominent non seulemēt les bestes, mais aussi les hommes. Au moyen dequoy les hommes excellentz ont tousiours cherché de preceder auec les vertuz de l'entendement comme maistresses de toute puissance corporelle, preposans continuëllement l'esprit & doctrine à tout autre bien, soit de fortune ou du corps, disans: que les richesses, la santé, la belle & bien proportionnée personne passent & tost finissent, & la vertu seule renouuelle & faict les hommes eternelz. Soit doncques la principalle force se sçauoir vaincre soy mesme, cognoistre qui nous sommes, & pourquoy nez, quel ordre ont les choses de ce monde, & comment briefuement elles passent qu'il iuge encor que c'est de bien & d'honnesteté, & qu'il y mette tout son estude, s'eslongnant le plus qu'il luy sera possible des appetitz desordonnez, cognoisse le peu de durée des biens de fortune, & les aye en mespris. Plusieurs choses sont estimées excellentes & grandes, le mespris desquelles auec raison est office propre de l'entendement, & en soy mesmes constant. Plusieurs autres sont aigres, dures, dificiles, & iugées insupportables, & tou-

Tous anymaux subiectz au seruice de l'homme.

L'homme par vertu seule est immortel.

tes-

tesfoys l'entendement bon fera son office, ausquelles dignement contester est en les contrariant? Quelle chose est plus terrible que la mort? Qui est plus douloureux & sensible que les playes & naureures, que les dechiremens & rompures de membres? lesquelles nul homme ne voudroit endurer: & neantmoins la vraye force soustient le tout auec patience, quand il est necessaire, & vertueux d'ainsi le faire, & que c'est honte d'y resister: toutesfoys il ne laisse pas de sentir que telles aduersitez luy soient griefues & ennuyeuses, car plus l'homme est vertueux plus il est heureux, & plus luy est la mort ennuyeuse, pour-ce mesmement qu'il se cognoist digne de viure, mais aussi cognoissant que le debuoir, la gloire, l'honneur, & quelquefoys le salut de plusieurs gist en sa mort, il l'eslit, car il espere d'vn tel bien digne remuneration entre les bien heureux. Celuy qui par vertu est ainsi disposé à la mort, mesprise ayséement les richesses & biens de fortune, car l'esprit qui fonde son esperance en telz biens contrement merueilleusemét au deuoir de sa grandeur. Quelle chose est plus louable que de mesprifer les richesses à qui ne les a, & qui les a les dispenser liberalement. A l'entendement qui sera ainsi magnifiquement disposé s'adiouste vne ferme constance d'vne patience considerée propre & disposée à perseuerer es choses difficiles & grandes, sans refuser les perilz quand l'honnesteté le requiert, & tant que l'vtilité y est

Homme fort & genereux ne doibt craindre la mort.

est adioustée, qui sera tousiours en la derniere partie. Toute vertu est de nature prochaine des vices, & souuent de si pres voisine qu'il est bien difficile en pouuoir iuger. *Vertu est tousiours voisine des vices.*

Par celà les vertueux reçoiuent iniure pour estre condemnez en public, pource qu'aysément leurs œuures peuuent estre infirmées & condemnées auec vice, & les mauuais peuuent estre iugez faire bien, pourueu que venans au mal ce ne soit si dissoluëment & tout apertement. Caton auec courage insuperable esleut la mort en Vticque plustost que voir le tyran victorieux: parquoy il a depuis esté celebré auec grande gloire par excellens espritz. Car luy ayant nature attribué incroyable grauité qu'il auoit conseruée par long temps en ferme constāce, & tousiours auecques conseil perseuere en son propos, lon luy attribuë vne vertu bien complette ayant refusé la vie apres la perte de la liberté. Toutesfoys vne si grande vertu se pourroit diminuer & reduyre en vice, disant que quand il se veid defaillir la bonne fortune, luy de cueur pusillanime & vil voulut plustost (comme desesperé) se donner la mort que s'accommoder en la future misere comme autres ont faict. Plusieurs en l'infortune de Caton apres qu'ilz se furent deffenduz se voyans necessitez & vaincuz se rendirent à Cesar. Ceux cy meritent louange, puis que reduictz en seruitude sans leur faute, esleurent plustost auecq' hardy courage de suporter la miserable fortune *Caton. Vticque. Cesar nōmé tiran victori-eux.*

qu'a-

qu'auec mort ingnominieuse donner fin à leurs miseres. Leur mort eust esté reprochée comme abhominable, pour ce que ce qu'ilz auoient passé de leur vie ne les confirmoit à la seuerité de Caton, combien que auecques semblable vertu ilz pouuoient eslire la mort. Cestuy là se peult vrayement appeller fort qui au besoing, en soustenant ce qui est conuenable, craint ou a hardiesse. Force est colloquée entre hardiesse & crainte : qui trop craint est en vice paoureux : qui ne craint ou il est requis, doit estre apellé beste. C'est grand vertu d'eslire la mort, quand l'honnesteté, & la necessité le permettent : l'eslire pour fuyr douleur, paouureté, ou autre misere, est vice de crainte, car par faulte de courage on fuyt passion ou angoisse, non pour ce qu'il soit honneste ainsi le faire, mais pour sortir du mal auquel on doibt aller auec vertu. Nature donne en l'entendement de chascun vne certaine crainte fragile, auec debilité femenine : toutesfoys se laisser vaincre par icelle est chose trop reprehensible. Mais raison comme royne des sens se presente tousiours & passe oultre auec plusgrande consideration, puis estant cogneuë, la parfaicte vertu preueoit & se faict obeir par la partie mal disposée. Ainsi le vertueux faict que les appetitz luy sont serfz & les surmonte comme doit faire le seigneur ses subiectz. Si la partie effeminée est debile par faulte de raison, les deffaux du miserable multiplient chascun iour de mal en pis. Les appetitz

titz seront doncques tousiours releguez soubz la garde de l'entendement comme serfz & esclaues. Or voylà la vraye force. Il y a bien assez d'autres moyens semblables, à elle, esquelz encores que ne soit telle vertu vrayement accomplie, se trouue quelquefoys vtilité, & aydent beaucoup aux hommes non parfaictz, auecques lesquelz on vit communément. Les exercices des batailles sont ceux esquelz plus qu'en nulz autres l'homme deuient fort: en ceux cy l'infamie met tel homme en peril qui pour amour de bien faire ne demoureroit ferme ny asseuré, mais pour ce qu'il veoid les craintifz & paoureux estre mis à honte, & les fortz, & courageux estre tenuz en reputacion, il endure pour n'estre reputé couard & de vile nature. Les autres poulcez des œuures de ceux qui sont en moindre estime que eux s'efforcent, de mieux faire, disans: Ie ne veux que telz se glorifient de mettre le pied deuant moy, & veux encores moins estre reprins par eux. Plusieurs autres sont retenuz par crainte de la peine, comme quand quelqu'vn ayant auctorité deffend de bouger de sa place en vne bataille: alors ilz se disposent (faisans leur deuoir) aymans plustost glorieusement mourir, qu'en fuyant estre vituperablement scandalisez. Quelquefoys la necessité rend les hommes hardiz & courageux, & les fait combatre vaillamment, mesmement quand l'esperance de salut est perduë, & seulement la maniere de se sauluer gist es armes &

Hardiz par honte

Hardiz de paour d'estre puniz.

F en la

en la force & vertu.

Lucius Catilina. Pour telle necesſité Catilina en Saluſte conſeille ſon exercite à virilement combatre, diſant Mes amyz cognoiſſez auecques moy la neceſſité à laquelle ſommes reduictz: nous ſommes encloz de deux camps de noz ennemyz: l'vn empeſche de paſſer oultre, l'autre de retourner arriere: D'auantage eſt impoſſible de demourer ycy pour la neceſſité des viures, tellement que quelque part ou nous voulions aller il eſt force que l'eſpée face le chemin. Parquoy (amys) ſoyez fortz & courageux, & combatez virilement, conſiderans en vous meſmes l'honneur, les richeſſes, l'empire, & la liberté que acquetez ſi par voz proueſſes vous eſtes vaincqueurs. Et au contraire ſi eſtes vaincuz, les ennemyz poſſederont tous voz biens, & l'infamie & miſerable mort, vous demeureront auecq' priuation de tous voz eſtatz. Efforcez vous doncques de courageuſement combatre, pour faire la victoire voſtre: & ſi toutesfoys fortune vouloit le contraire, laiſſez là aumoins ſanglante & pleine de douleur à voz ennemyz, acquerant renommée d'hommes vertueux. L'experience encor preſte vigueur, & faict les hommes fortz, parquoy es batailles & faction d'armes les experimentez ſont plus promptz que les nouueaux venuz, pour ce que l'vſage leur a donné cognoiſſance des perilz incogneuz aux autres. Sur ceſte ocaſion Virgile introduyt *Virgile. Eneas.* Eneas, conſeillant ſes compagnons à faire œuures

ures vertueuses & grandes, les animans par l'experience des aduersitez qu'ilz auoient endurées. Aucunesfoys force se monstre en vn esprit troublé: au moyen dequoy les hommes courroucez reprennent vigueur, & auecques plusgrand hardiesse se mettent à tout peril: mais pour-ce que l'homme courroucé ne considere bien les choses, ne prend conseil,& ne preuoit les perilz esquelz il se soubz met, la force ne peult estre en luy, ains fureur temeraire. L'ire suruenant en mesme faict, apres que l'election du peril est faicte, peult de beaucoup ayder à la force. Comme bien souuent es factions militaires les secondz rangz voyans fuyr les premiers, par vn despit commeuz à ire auecq' plusgrande hardiesse & effrenée impetuosité assaillent les ennemyz refraichissans les rangz efforcez, & mettans entre les ennemys vne crainte par leur violence. Vn autre moyen de force procede de la coustume & vsage d'auoir beaucoup vaincu, pour ce qu'ilz ne craignent d'estre surmontez en ce qu'ilz ont esté superieurs. Par telle raison & exercites est merueilleusement estimé l'vsage de vaincre, premierement: pour ce que plus asseurez ilz s'offrent aux emprises perilleuses ne ayans paour de perdre, puis aussi pour ce qu'ilz sont plus craintz des ennemyz, car voyans leurs courages temeraires ilz endurent vne crainte & frayeur incroyable. Plusieurs aussi se trouuent courageux par ignorance, se mettans liberalement en perilz incogneuz, comme celuy qui se

L'homme doit eslire le peril.

F ii mesle

LE SECOND LIVRE

mesle entre les ennemys, pensant qu'ilz soyent amys, puys se trouuant offencé resiste comme homme fort, viril, & constant: toutesfoys n'estant volontaire elle n'est reputée vertu, car vertu ne consiste es choses qui par necessité semblent vertueusement faictes, mais seulement en ce qui de volonté se faict vertueusement.

Nota.

Doresnauant mes amys vous ne deuez ignorer quelle est la vraye force, & quelz en apparence s'y osent parangonner: parquoy i'espere que paruenuz à l'aage plus raisonnable vous fortifierez vostre entendement auec conseil & prudence, contre toute aduersité de fortune, & des iniures des ennemyz: en sorte que estans armez contre toutes aduersitez vous serez fermes & stables, auec gloire de voz personnes, honneur & vtilité de voz negoces, & commoditez & le fruict de vostre patrie. FRANC. Vous auez distinctement procedé par les degrez de deux vertuz que nous auez par cy deuant monstrées, & me semble que nous y sommes bien confirmez, en maniere que si ne sommes à nous mesmes contraires nous celebrerons mille fois, le iour que vous auons rencontré: car nous ne vous sommes pas moins obligez que le filz au pere: mais pour ce que comme vous nous auez dict ce qui est contenu en vne ou deux de ces vertuz, n'est suffisant à faire bien heureusement viure, nous vous supplions suyure les autres ainsi que nous auez promis, à fin que soyons plus amplement admonnestez.

ANG.

ANGE. L'honneste promesse doit estre obseruée, parquoy il n'est ia besoing de me prier par aplaudissement. Car ie suis disposé de proceder iusques à la fin. Parlons donc de la tierce partie d'honnesteté, que nous auons nommé Temperance. Elle contient en soy le moyen de refrener tout deshonneste appetit, & à conuenablement s'exerciter en tous noz faictz & dictz auec vne humble auctorité, qui donne reputation & digne ornement de viure. Sa disinition est d'estre ferme & ayant la domination de la raison qui commande, & se faict obeïr à tout deshonneste appetit, gardant la propre dignité: parquoy lon peut dire Temperance, est le frein & mesure des appetitz. Sa principale partie est que l'honnesteté requise à la decoracion de la vie soit conseruée. Et comme en vn corps grand & bien formé de membres correspondans, deffault la grace, si la vigueur naturellement infuse ne l'accompagne, partant ainsi toute vertu pert la grace, l'ornement, & la propre dignité, quand elle ne prend de la temperance la force conuenable. Tout ce qui est necessaire & conuenable pour toute la vie humaine est consideré en quatre parties, assauoir: en dictz en faictz, en exercices, & en repos.

La premiere disposition requise à celuy qui desire se contenir, est que la raison de l'esprit ne soit vaincuë & abbatuë par les appetitz desordonnez, mais qu'ilz luy obeïssent, en sorte que les desirs effrenez ne soient sans raison: dequoy

Appetitz. Desirs.

F iii ilz

ilz pourroiēt apres s'alterer en sorte qu'ilz voudroient passer oultre le moyen: & en ce faisant l'obeissance habandonnée ne voudroit obtemperer & suyure le vray ordre. Tout trouble est mouuement d'entendement non raisonnable.

Quatre passiōs en l'esprit. Il y a quatre passions trauaillans l'esprit & rendans les hommes desordonnez. C'est de vray chose proffitable de les cognoistre mesmement par les ieunes hommes: deux desquelles passent oultre indeuëment pour le trop grand bien, & deux autres pour l'opinion du mal.

Ioye. La premiere est appellée ioye, & n'est autre chose qu'vne effrenée liesse de habondant plaisir du bien present, duquel iusques aux sages vn chascun est abusé, & ne se peuuēt sans grād' peine contenir. *Aristote.* Aristote recite qu'en l'isle de *Naxo isle Policrita Diagoras.* Naxo, Policrita tresnoble dame mourut subitement de trop grand ioye. Pareillement Diagoras voyant trois de ses enfans vaincre les autres en diuers ieux & au mesme temps estre couron*Olympus* nez sur le mont Olympus mourut en presence du peuple, pour sa ioye incomparable.

Aussi à Rome vne mere ayant eu nouuelles qu'vn de ses enfans estoit mort en la malheureuse desconfiture que receurent les Romains *Anibal.* par Anibal elle le pleura miserablement par plusieurs iours, puis voyant son filz retourner vif elle mourut de grande ioye non esperée.

Esperāce. La seconde de noz passions se nomme Esperance qui est vne opinion desmesurée du bien attendu auec desir. Deux autres sont colloquées au mal, c'est à sçauoir douleur & paour: Douleur est vne passion desordonnée du mal present paour est opinion du mal attendu. Ces quatre passions ont esté données à nostre vie comme furies, brouillassant tout l'ordre de nostre vie: pourtant celuy qui veult viure temperément doit auecq' toutes ses forces leur resister, s'opposant en sorte que tous noz dictz & noz faictz ne soient accompagnez de vice, ains que de tout ce que ferons se puisse rendre bonne raison. Plaisir, Esperance, Douleur, & crainte sont les principes desquelz procede, & ausquelz se refere tout le bien & le mal de nostre vie. Pour acquerir les deux premieres, & fuyr les secondz les espritz & œuures des mortelz sont tousiours occupez. Si l'entendement bien disposé de nature ne se delecte que du bien, & l'esperance que tu auras d'estre tousiours ainsi te plaist, s'en suyt que le plaisir & le desir de l'entendement qui est bon soit tousiours cōioinct auec le bien. Si au contraire l'entendement est occupé en mauuais desirs, & mect ses plaisirs es sens charnelz s'oubliant soy mesme, il reçoit tousiours griefues passions, & continuëllement la conscience le menasse comme tesmoing de l'operatiō des vices: tel plaisir donc est par force contraire à temperance, pour ce que contre le deuoir sans aucun moyen il prouocque les hommes à suyure les appetitz desordonnez, & les faict serfz des vices. Lequel est ce qui se delectant en amour deshōneste puisse estre temperé, quād

Douleur.
Paour.

F iiii Her-

Hercules. Hercules non seulement vertueux, mais qui a esté faint estre la mesme vertu par les sages en postposant sa propre dignité amour le fist si vilainement deuenir serf d'vne femme. Qui ne *Sanson.* sera ruyné par vice? quand Sanson par amour a consenty à l'infamie misere de soy mesme, *Orgueil.* contre le salut de tout son peuple. Orgueil, *Ire.* Ire, Auarice, Gloutonnie, & Luxure, sont tres-*Auarice.* contraires à Temperance & moderé moyen de *Gloutōnie* viure, & sont si agreables à noz appetitz, que non sans grande resistance nous ne les pouons euiter. Et à la verité, il est quasi impossible de se depestrer de telz vices à vn qui desia si est abandonné, quand le resister se treuue difficile à qui les commence à sentir: C'est pourquoy la vertu en est plusgrande, car toute vertu gist es choses dificiles, & quant plus on se trauaille en icelle tant plus elle est parfaicte. Aussi, sainct *S. Paul.* Paul escrit qu'en l'infirmité se faict lavertu perfaicte, c'est à sçauoir que es passions & aduersitez ou la vertu s'exercite l'homme vertueux se cognoist. Le manger, le boire, s'esiouyr, se reposer & dormir, est chose bien ayfée, mais pour ce que tous hommes le sçauent faire & mesmes les animaulx, ce n'est vertu, & l'vn ne s'en auantage point plus que l'autre, au contraire il se rend plustost semblable aux bestes qui furent faictes par nature disposées aux apetitz du corps & seulement curieuses de bien emplir leur ventre. L'homme qui de nature a l'entendement puissant pour cognoistre le vray, puis la liberté

de

DE LA VIE CIVILE. 45

de l'arbitre pour suyure la propre volonté, seulement doibt vouloir ce que raison luy monstre le plus vtile & honneste. Soit doncques euité tout appetit desraisonnable, & dechassé de soy & mise au feu toute chose ne faisant fruict, comme les sacrées paroles de sainct Ian Baptiste le dient en l'euangile de sainct Mathieu. La vraye vertu gist seulement es choses qui sont faictes auecques peine & trauail, hors le communvsage des autres pour le salut de plusieurs, quand il est besoing d'ainsi le faire. Il est permis se delecter & tousiours esperer es choses honnestes comme premiers mouuementz de temperance qui se corrompt en la suyte de deshonneur, ainsi que font aussi toutes les autres vertuz. Se plaindre ou craindre toute fortune aduerse, & comme vne femme se lamenter & pleurer, est du tout contraire à la modestie du sage. L'homme vertueux ne doit suyure la vile foiblesse du populaire ignorant, mais se cognoistre né homme soubmis à toute humaine aduersité ausquelles il doibt preuenir auec conseil, & prudemment resister en toute diligence: & quād encor on ne les pourroit escheuer, il les faut temperéement supporter, ainsi que les sages nous admonnestent. Toute douleur est griefue au corps, & contraire à tous noz sens. Mais qui considere la nature des choses terrestres, la varieté de la vie, & la fragilité de la generation humaine, il en porte plus ayséement la contraire fortune. Toutesfoys il y a trois consolations

S. Math.
S. Ian baptiste.

qui

Trois con- qui adoulciffent grandement noz douleurs.
folations La premiere eft auoir bien confideré & preueu
mitigans au parauant que telle chofe pouuoit aduenir.
les dou- La feconde cognoiftre que par force nous de-
leurs. uons fouftenir les deffaux de noftre nature, &
fupporter les aduerfitez ou n'y a nul remede,
La derniere confolation eft fe fentir fans coulpe, car rien ne peult eftre mauuais ou il n'y a
point de coulpe. Quant aux quatre paffions
rendans les hommes intemperez, me femble en
auoir parlé à fufire, & femblablement la premiere peine de celuy qui defire fe contenir gift
à victorieufement refifter à icelles : par lefquelles parties affez dilatées, par ordre, ie ne doubte
que felon voftre necefsité vous n'ayez entendu tout ce qui eft requis à la vertu de Temperance. Maintenant ce qui vous refte à faire eft
que fuyuez l'honnefteté ia cogneuë, en forte
que les faictz ne foient moindres que le defir
qu'auez demonftré par voftre demande.

FRANC. Voftre humanité me femõd à vous
requerir de ce que la necefsité nous contrain-
droit : pour ce que reduyfant en memoire les
enfeignemens que nous auez donnez, vous dites que voulez parler de temperance : & ie les
cognois rempliz de moralles fentences, de verité, & de bien accommodez à voftre intention : mais pour ce qu'ilz font generaulx, fans
contenir aucune particularité de noz meurs, ilz
feruent pluftoft à fe fouuenir quand on en eft
bon maiftre, que pour faire fruict aux ieunes
hom

hómes non experimétez. Parquoy voſtre plaiſir ſoit nous ſpecifier plus particulierement cóme temperance ſe peut & doit exerciter, & quel eſt le vray moyen des meurs approuuées, à fin que puiſſiós retirer pluſgrand profit de voz bons enſeignemés. A N. Or eſcoutez diligemmét ſi vous voulez que ie parle, & arreſtez en voz entendemens qu'en tout ce que les hommes font ilz doibuent touſiours ſuyure par exemple l'ordre de nature, la perfection de laquelle eſt ſi gráde que non ſeulement elle ne commect en ſoy aucune faulte, mais encores elle conduict ſans erreur ceux qui la ſuyuent: parquoy deuons arreſter en noſtre entendement, de ſuyure en tout ce que nous ferons le vray ordre de noſtre nature, laquelle demonſtre auoir conſiderément formé le corps humain, pour ce qu'elle colloque apertement & en lieu manifeſte, tous les membres donnez pour quelque honneſte operation & auſquelz n'y a aucune deshonneſte aparence. Si eſt ce qu'elle a bien voulu celer autres parties neceſſaires au corps pour eſtre viles & ordes tant au regard que aux operations & les a miſes en lieu plus ſecret, à fin qu'elles ne miſſent deſordre en la beauté des autres membres: & pour plus ſecrettement les celer y eſt veu le poil en l'aage, que diſcretion & iugemét commencent à gouſter & cognoiſtre qu'en icelles y a quelque honte. Chaſcun doncques conſiderant ceſte diligente compoſition de nature, deſirera de viure honneſtement & le plus ſe-

L'homme doibt ſuyure l'ordre de nature.

Nature.

cret-

crettement qu'il luy sera possible se seruira des parties que Nature a voulu celer, les retirant totalement de la veuë des hommes, ainsi que nature l'admonneste. Et ceste discretion ne sufit pas encor aux bons, car ilz se doiuent taire de ces parties là & de leurs œuures: & si toutesfois la necessité les contraignoit en parler, se seroit sans les nommer par leurs propres noms, ains à nostre pouuoir les varier en sorte, qu'au proferer elles soient les moins dissoluës qu'on pourra. La langue requiert si grand honnesteté que l'experience nous monstre plusieurs choses honnestes à faire, pourueu que ce soit secrettement qui au prononcer sont tressalles, & si nous sommes forcez de les dire, nous deuons en parlant les rendre honnestes comme dire, il se descharge le ventre: ceste femme a mary, puis qu'elle faict des enfans. Plusieurs autres choses sont mauuaises à faire qui à dire ne sont deshonnestes, comme ruffienner, batre, tuer, adulterer, & maintes autres: parquoy nous suyurons tousiours nature comme parfaicte guide, & nous s'esloignant esloignerons de ce qui est laid à voir & ouyr, ou en quelque sorte ennuyeux au regarder. Ainsi admonnestez de nature nous deuons retenir en memoire ce que nous auons dict n'agueres, assauoir, temperance: & principalement requerir vn honneste moyen en tous noz dictz, faictz exercices, & repos. Et partant nous aurons consideration en ce que requiert chacune de ces choses, & prin-

Nota sur les parties honteuses.

principalement plus au parler qu'en autre chose. L'excellence du parler se doit pratiquer en
presence des magistratz, qui doiuent rendre iu- *Parler*
gement es publicques conseilz, & en la presen *aorné.*
ce des peuples assemblez. Les propos communs
sont coustumierement obseruez es conuersa-
tions priuées, ainsi que le requiert la varieté *Parler do-*
des œuures humaines. En chascune de ces deux *mestique.*
manieres la voix doit estre doulce, & les parolles bien accommodées à la matière qu'on veult
desduyre. Nature desire ouyr bien & succin-
ctement parler, qui s'augmente auec les enseignemens & art des bien parlans, & se rend
parfaict auecques l'vsage & exercice de bien
dire. Qui desirera telle perfection suyue les
maistres de l'art: car ce que nous disons en celà
est seulement pour monstrer que par enseignemens, par dictz, & par vsage de parler elegamment
on en deuient maistre parfaict. Quant au deuis
particulier il doit estre commun non effeminé,
delicat, ne aussi trop haultain, & les parolles
courtes, faciles, & sans iniure d'aucun. Si en
parlant il suruient tel differend que lon vueille
faire gageure, celuy qui parlera ayāt dict ce que
il soustient, cedera le lieu aux autres, & en es-
coutant se fera mutacion de propos, en sorte
qu'on ne soit ennuyeux pour le trop parler. *Lon doit*
Il fault considerer dequoy on parle si cest de *cōsiderer*
choses grandes & d'importance, la grauité doit *la chose*
estre moderée auecques le parler de mesme: si *veut par-*
recreatiues, les parolles seront ioyeuses, & sur *ler.*

tout

tout exemptes de suspicion & vice. Quiconques dira mal d'aultruy en presence ou absence est odieux, reprehensible, deshonneste, & merite vitupere. Quand il auient à parler d'affaires ou des choses qui touchēt on doit parler de choses honnestes, & le plus qu'il sera possible fructueuses & vtiles, comme de bien viure, quelle chose merite honneur, & quelle vitupere: comment la famille se doit gouuerner, & comment la Republique. Quand les hommes seront ocyeux il fauldra parler de choses industrieuses, d'esprit, de doctrine, & bonnes artz, & si les propos retournent à autre fin on s'y remettra incontinent pour reuenir aux premieres, obseruāt tousiours la commodité du plaisir, à fin qu'en ce faisant le commencement, soit bon & la fin pareille, & qu'il ne soit si long que apres on tōbe au vice de ceulx qu'on appelle semeurs de paraboles. Puis aussi comme lon desire la vie sans perturbation, ainsi le parler ne soit colere, arrogant, ou superbe, ny aussi craintif, paresseux, ny desordonné en aucune maniere ains soit tel qui monstre aymer ceulx à qui on parle & leur porter honneur. En conuersation le parler modeste à grande emphase: & si est ce qu'en ce cōmun deuis ilz s'y commet diuersité de vices, entre lesquelz sont ceux qui cōsentent à tous propos ce que lon dict ou faict sans contredire, de paour de desplaire: comme faisoit Gnato en Terence quand il se composoit en soy mesme pour gaigner ses despens auec peu de peine, &

L'on ne doit mesdire d'aultruy.

à part

à part soy disoit: Il y a vne generation d'hommes qui en toutes choses veullent sembler plus qu'ilz ne sont, & ie m'approche d'eulx, suyuãt volontairement leur intention, & m'esmerueille grandement de leurs faictz. S'ilz dient quelque chose ie les louë, s'ilz nyent, ie nye: Somme i'ay deliberé leur consentir en tout: & treuue que ce me sera le meilleur gaing & plus abondant que ie sceusse faire. Autres au contraire sont litigieux contedans à toutes choses, cõtredisans à ce qui se dict ou se faict, n'ayantz respect de faire desplaisir ou iniure à aultruy. Certes ceux là sont oultrecuydez qui faignent & dient merueilles d'eux, sans auoir esgard à vne seule verité, & se faschent contre ceux qui ne le croyent, comme en l'Eunuche faisoit le glorieux Trason. Plusieurs se treuuent de nature contraire, car ilz disent tousiours moins qu'ilz n'ont, & nyent ou celent leurs propres choses comme font communément les vieillardz. On doit encores obseruer vn bon ordre es propos & deuiz qui se font en festins & lieux de recreation pour ce que c'est chose ridicule de se faire moquer à cause de sa langue, cherchant plus tost l'ocasion de faire rire, que de parler honnestement se rendant semblable a vn dissolu basteleur, sãs auoir grace à dire aucune chose ioyeuse & sans vouloir endurer en autruy les petiz motz pour rire. Cestuy là est recreatif qui sçait gaudir temperément & de saison: mais sur tous celuy qui sçait deuiser de plusieurs choses en toutes

Enuche.
Trason.

tes compagnies, & selon le temps est bien accomply, de vertu. Il auient souuent qu'en choses qui semblent legieres, & de peu d'estime, on peult parler auec auctorité & bonnes sentences. Lon trouue en Macrobe qu'en presence d'aucuns Philosophes, fut quasi par derision demandé ceste vulgaire question, souuent dicte pour rire, c'est à sçauoir: qui fut premier, l'œuf ou la poulle: à quoy Disarius l'vn des Philosophes respondit auec si bonnes raisons, & prouua si bien l'œuf auoir esté premierement qu'auec la confusion de la premiere opinion, il fut de chacun reputé admirable: quand quelquefois il auient de reprendre & corriger quelqu'vn auec parolles, alors est requis de parler quelque peu aigrement, & auec grauité, ayant tousiours respect à l'ocasion, à la personne, & au lieu, en sorte qu'on ne s'alliene de son deuoir. Comme en Terence est repris Menedeme pour le trop aigre admonnestement qu'il a fait à son filz Clinias, ou il dict: Pense tu Clinias faire tousiours ainsi ce pendant que ie seray vif? & desia estre en aage pour prendre femme te celât de moy? tu te trompes bien si tu le crois, & ne me cognois encores. Ie te retiens pour mon filz, en tant qu'en feras l'office, & quand ie ne pourray plus te traicteray comme tu merites: cela ne te vient que de trop grand aise: quand i'estois de ton temps i'allois fuyuant les ieunesses: de sorte que de pauureté fuz contraint aller en Asie à la soulde pour auecq' honneur gangner

mon

Macrobe.

Disarius philosophe.

mon pain & mes autres necessitez, & deuenir quelque chose, & tu demeures icy à gaudir & suyure tes plaisirs: mais il n'aduiendra pas comme tu l'entendz, car ie te feray bien changer de complection. Pour lesquelles parolles par plusieurs foys repetées le ieune enfant esmeu, & croyant que le pere l'admonestast, & que pour l'aage il cogneust plus que luy, s'en alla à la guerre & deuint malheureux & meschant.

Semblablement est reprise pour trop grande liberté celle que donnoit Mitius à son filz aussi subiect à ses plaisirs. Car luy estant rapporté par son frere que son filz auoit rompu la porte d'vne chambre, & prins par force vne fille y estant, donnant plusieurs coups à la mere, & luy deschirant ses habillemens, en sorte que tout le peuple en estoit scandalisé, respondit: Tu l'entens mal, car il n'est point mal seant aux ieunes hommes de suyure l'amour & se doner bon téps, mais nous mesmes ne l'eussions nous point fait si poureté ne nous en eust gardez. Nous ne auons donques point d'honneur d'auoir fait ce que la necessité nous a contraint: pour ce que ayantz eu le moyen nous l'eussions faict: & toy mesme si tu estois homme en lairrois faire autant au tien ce pendant qu'il est ieune, ne m'en parles plus donc, car il est mien, & s'il faict mal, le mal est à moy: il suyt les banquetz, il est bien vestu, il est amoureux, il despence du mien, & si luy en donneray tant que ie pourray: mais que ie n'en puisse plus peult estre ie le dechasferay

Mitius.

G

seray de ma compagnie. S'il a rompu la porte elle sera reffaicte à mes despens, car graces à Dieu nous auons dequoy iusques icy. Il faict comme les ieunes gens, & s'il ne faict pis ie le supporteray, & ainsi se doibt faire: si tu ne me veulx croire demáde le à qu'il te plaira, & ne me en parle plus. En ces deux manieres se note le trop, & le peu consentir aux ieunes gens.

Quel est le moyen, Terence, le demonstre quand il escript la vie que le pere de Pamphile approuuoit auant que sçauoir qu'il se fust reduict aux vices, & dict ainsi. Depuis que Pamphile mon filz a commencé à croistre, il ne s'est perdu à suyure les oyseaux, les cheuaulx, les chiens de chasse, ny l'amour, ny autre volonté desordonnée, comme font la plusgrand partie des ieunes hommes, ains estudiant continuëllement en bonnes doctrines de Philosophes exercitoit moyennement ses autres plaisirs, sa conuersation estoit facile & benigne auecque tous ceux qu'il frequentoit il s'acordoit auecq' eulx, & les suyuoit en toutes leurs bonnes coustumes, ne contredisoit à personne, ny ne vouloit estre le premier: en sorte qu'il acqueroit ayséement & sans enuye louange & bonne amytié. Il seroit impossible de noter quelles doibuent estre les iustes reprehensions, & quel moyen de viure ne merite d'estre repris, mais ces exemples cy me rendront suffisant à estre entendu: car le moyen plus conuenable doit estre gardé auecq' discretion en cecy comme en autres choses.

Simo pere de Pamphile.

En

En reprenant quelqu'vn on ne se doibt iamais monstrer courroucé, à fin qu'il semble que telle reprehension ne se face point par hayne, ains seulement pour remonstrance, & pour la seule amytié que lon porte à celuy qui est repris: elle sera doncques faicte auecques auctorité seuere & graue, sans estre aucunement vilaine, ains totalement à l'vtilité du reprins. Si on ne pouuoit euiter les contentions des iniurieux (comme aucunefois il aduient) & nous fussent dictes vilaines parolles, il n'y a point meilleur remede que de se contenir & en sa responce garder ordre & moyen, euitant l'ire le plus qu'il sera possible, car quand on y en est de laquelle empesche on ne peult faire aucune chose temperément. Metellus tresexcellent Romain & sage, estant en la presence du peuple iniurié de parolles par Maulius tribun, parla apres luy & conseilla tresprudemment de la matiere proposée, puis dict: Quant à ce que lon pourroit respondre au Tribun ie m'en taiz, car il luy est auis qu'il seroit en quelque reputacion s'il pouuoit auoir querelle à moy. Ie ne me soucye de son amytié, & encor moins de son inymitié, & d'auantage ie ne l'estime pas digne qu'en la presence de si grandz & excellens personnages il soit parlé de luy, mesme au temps qu'il ne peut estre puny, quand il sera personne, priuée nous luy respondrons d'autāt que ses merites le sont digne, en ce que nous cognoistrons qu'il puisse estre puny & corrigé de ses faultes. Ayant mys

Metellus.

Maulius.

G ii ordre

ordre es parolles, nous auons peu acquis si les
faictz n'estoient correspondans: parquoy ayons
en la memoire ce que Protheus philosophe sou
loit dire en Athenes, assauoir : le vertueux pour
nulle occasion debuoir faire mal, encores qu'il
pensast & fust asseuré son peché deuoir estre celé à Dieu & aux hommes, pour ce que ny l'infamie, ny aucune paour de peine le doit retirer
de peché, mais seulement l'amour de vertu &
la parfaicte honnesteté. La sentence de Musonius Philosophe escripte en l'oraison de Marc
Caton (qui pour certain meriteroit estre insculp-
pée en lettres d'or) ayderoit grandemét à maintenir celuy qui seroit disposé selon ce que par
cy deuant a esté dict. Et voicy ce qu'il dict: Pen-
sez en vostre entendement que si auecq' peine
vous faites quelque chose droictement, telle
peine sera tost oubliée, & le bien faict demeurera auecques vous : mais si pour plaisir vous la
faictes, tel plaisir vous laissera bien tost, & le mal
faict sera tousiours auec vous. Parquoy soit cha
cun disposé à vouloir bien faire, puis consideré que les operations des hommes se font, ou ca
chées en priué, ou publiées en public. Le celer
n'est iamais sans quelque faulte, par ce que, ou
il est deshonneste ainsi le faire, & pour ce sont
celées, comme cōmettre adultere, ou cest vrayement deshonneste d'estre veu faire ce qui en soy
n'est aucunement deshonneste: De là vient que
en secret on engēdre les enfans & se decharge le
ventre, non que cela soit deshonneste en soy,

mais

Protheus philosop.

Musonius philoso. Marc Caton.

Nota.

mais pour ce que ce seroit honte de publier telz actes. L'homme temperé non seulemēt ne doit faire les choses deshonnestes, mais encores refrener la mauuaise volonté, s'il estoit agité de vicieuses pensées. Qui perseuere es mauuaises pensées merite peine : qui si oppose & raisonnablement resiste est digne de louange & cogneu pour fort & temperé. C'est grand signe de sottise ne resister aux meschancetez propensées, mais beaucoup plus grande les suyure & commettre le malefice, à ce que quand ce sera faict, ne puisse estre qu'il ne soit faict, & touteffoys en estre puny. Retournant à nostre propos les choses qui desirent estre secrettes (bien que elles soient honnestes) se doibuent faire en secret, ainsi que nature & la coustume le requierent, ny en aucune maniere doibt on consentir à ceux qui maintiennent ne se debuoir soucier d'estre veu faire les choses qui ne sont mauuaises : Il y a plusieurs choses bonnes vtiles & necessaires à faire, lesquelles bien que ne soient mauuaises, seroient neantmoins vituperables, & digne de reprehension, si les hommes estoiēt en les faisant. Au moyen de quoy il fault en tout obseruer les lieux, le temps, & la mediocrité. Philosophie maistresse de la vie humaine donne deux singuliers enseignemens pour toutes les œuures des hommes : L'vn qu'il ny ayt homme presumant de pouoir celer à Dieu chose qu'il face : L'autre, qu'il ne se face chose, laquelle confessée aux hommes soit vituperable.

Deux enseignemēs de philosophie.

G iii Qui-

Quiconques suyura telz enseignemés, ne pourra estre intemperé. Tout ce qui se faict manifestement par vn non vicieux doit estre honneste, ou pour le moins se peult endurer. Vouloir admonnester les mauuais seroit superflus, pour autant qu'ilz laissent le mal non pour amour de la vertu, ny du bien, ains contrainctz de la peine. Soit donques donné à qui s'apartient digne suplice. Les autres qui seront de vie honneste, ou pour le moins aysée à supporter, pour certain vauldront beaucoup myeux de noz enseignemens. Il y a diuerses raisons des choses faictes manifestement: pour iuger desquelles fault estre diligent & cault, à ce que par inaduertence on n'arriuast à faillir suyuant les coustumes des autres. Pourtant la premiere consideration est si la chose en soy est honneste, ou non: quand elle ne sera honneste, ne doibt estre faicte, encores que plusieurs feissent le semblable. Si elle estoit honneste & tant hors d'vsage, qu'entre le peuple fust estimée reprehensible, ne se doibt publicquement faire sans quelque louable moyen. Ie croy qu'il seroit honneste de conuier quelqu'vn à boire & manger par les ruës publicques qui seruiroit peult estre d'vn frein à l'aage gloutonne. Aussi iadis à Rome il y fut expressement prouueu, pour oster la superfluité des viandes. Car la loy porte qu'on ne peult mãger plus d'vne viande auec le fruict: & à fin qu'on ne feist le contraire fut ordonné manger dehors soubz les portaulx & galeries,

Loy en Rome sur la reformation du manger.

Sem-

DE LA VIE CIVILE.

Semblablement entre les Lacedemoniens Licurgus corrigea le desordre de l'insatiable glotonnie, contraignant par loy chacun à manger en public. Qui mangeroit auiourd'huy par les rues & en public, peult estre seroit repris. La force de l'vsage est tresgrande es coustumes ciuiles, car elle blasme plusieurs choses que au parauant elle auoit approuuées, puis de nouueau les reprend, mais qu'ainsi luy plaise. Il me souuient autresfoys auoir veu façons d'habillemés de paillardes publicques, reprinses pour deshonnestes en nostre vie, que non pas long téps apres la fleur des Dames & Damoyselles remyrent sus & furent publicquement reputées belles, riches, & triumphantes, es festes solemnelles. En la ville de Florence les Dames vserent de colletz si ouuertz que oultre les mammelles elles monstroient toute la poictrine : puis leur semblant telle extremité vicieuse, commencerent à retirer leurs colletz plus hault, & tant les haulserent qu'ilz paruindrent à l'autre extremité, & couuroient les aureilles, iusques à ce que ayantz esprouué le trop, & le peu se retirerent (peult estre) à vn certain moyen honneste, qui encores dure & durera tant que l'vsage voudra : & iusques à ce que l'vne ou l'autre des sortes desia laissées retournera. Es coustumes doncq' sera loy tresexpresse de suyure la forme plus approuuée de l'vsage ciuil, ce qui selon l'vsage sera faict, se face auec telle mesure & conformité qu'il ne merite reprehension : pource que la

Licurgus Lacedemonien. Lō ne doit māger en puqlic.

G iiii force

L'homme se doit accómoder au temps. force du lieu, du temps, & des personnes circonstantes est si grande qu'aucunesfoys elle blasme certaines choses qui d'elles mesmes ne seroient deshonnestes, ains bonnes & louables. Vertu est chose louable, & s'employer à la suitte des sciences & doctrines des bonnes artz: ce neantmoins qui en banquet demeureroit pensif à choses subtilles seroit reputé moins qu'homme, & d'austerité reprehensible. Pareillement qui en conseil de choses graues & d'importance, vouldroit dire choses ridicules ne seroit digne de tel lieu. Tousiours se doit discrettement iuger de ce qui se faict, si c'est chose graue, se monstrer seuere & attentif: si moyenne conferer domesticquement: si de plaisir, ioyeux & allegre.

Socrates. Diogenes. Democritus. Que chacun se garde biē soubz ombre d'auoir ouy louer en Socrates, Diogenes, ou Democritus aucunes coustumes de seuerité abstraictes hors l'vsage des autres hommes, de tomber en erreur & penser faisant le semblable estre reputé homme merueilleux. Tout homme qui desire viure en ceste maniere a besoing d'estre muny de maintes autres excellentes, & l'integrité & immuable fermeté de telz hommes doit estre par long temps ferme, & bien experimenté: autremēt ce que à l'incroyable grauité de si grans espritz nez pour exemple, & maistre des autres estoit digne de louange, & renommée immortelle, seroit vil & ridicule es petitz & debiles. Les actes qui discordent grandement à ce que doiuent faire les hommes sont ayfément entenduz,

duz & est peu de besoing d'en parler, par ce que l'entendement sain y prend garde de soy mesme: comme de rire continuellement, saillir, & chanter en public. Celuy qui ne prend goust à tout enseignement, a les aureilles closes & merite compassion. Les petites faultes sont celles desquelles on se doibt garder plus diligemment: premierement, pour ce qu'il y a plus de peine à les cognoistre: & que les bons ont plus de honte des petites faultes que les vicieux ne ont des grandes. C'est pourquoy iadis on disoit Quand plus les choses sont claires & luysantes, de tant plus la tache y est apparente. On void souuent des hommes dissoluz continuër publiquement leurs vices, ieux, paillardises, gourmandises, & autres malheureuses coustumes, & semble que celuy qui leur void faire telle chose soit hors du sens & ne luy chault d'eulx: & pour ce qu'vne foys il les a iugez vicieux en son entendement, il n'y prend plus garde, & n'en faict non plus de cas, que s'ilz faisoient leur vray mestier. Si apres il aduient qu'vn hōme estimé bon, soit veu iouer desordonnéement tout le peuple murmure, & semble qu'il a faict grande faulte, car on prend plus garde au bon, & sera plustost repris d'vne petite faulte, que le mauuais faisant tousiours mal. Il est profitable de prendre exemple sur les faictz d'autruy, suyuant ce que nous en trouuons bon, & fuyant ce qui en est reprehensible. Celà peult beaucoup ayder à noz meurs: car de vous dire cō-
ment

ment celà se faict, ie ne le puis, mais l'experience, maistresse de toutes choses, monstre que nous iugeons beaucoup mieulx les faultes d'autruy, que les nostres propres: tellement que pour excellent, que fust celuy, duquel nous eussions proposé suyure les meurs, si trouuerons tousiours en luy chose, qui ne nous sera aggreable: & souuent nous essayons de passer noz maistres, & precepteurs. A ceste cause, nous ne debuons vouloir si fort imiter vn homme quelque excellent de meurs & doctrine qu'il ayt, que si nous en trouuons d'autres, qui en quelque chose fussent plus sçauans ne deuions nous efforcer de prendre la fleur plus parfaicte. Suyuant en ce l'exemple de Zeuzis tresexcellent painctre, lequel moyennant grosse somme de deniers estoient venu à Cutron, pour lors florissant de tous biens plus qu'autre ville d'Italye, & voulant paindre dans le temple d'icelle, l'ymage d'Heleine belle sur toutes les aultres femmes veuës en terre, & voyant les Dames de Cutron belles sur celles d'Italie, demanda que les plus belles vierges luy fussent amenées pour du pl^9 parfait d'icelles former son Heleine, ce qu'il obtint facilement, & luy furent baillées nues, desquelles il en eslit seulement cinq, au moyen dequoy leur renommée dure encores, comme esleuës pour les plus belles par vn tresgrand maistre & vray iuge de la beauté. Ainsi ne pouant en vn seul corps trouuer perfection entiere, il prenoit de chascune ce

qui

Zeuxis painctre.
Cutron.

Heleine.

qui estoit le plus beau, & en forma vne ymage si perfaicte en toutes ses parties, que de tous endroictz, venoient painctres excellens pour la voir côme chose admirable, & qui fut plustost descenduë du ciel que faite en terre. Nous aussi en suyuant les moyens temperez, l'ordre & coustumes aprouuées, de l'honeste vie de chascun vertueux recueillirons ce qui luy fait passer les autres, & ainsi en imitant plusieurs, & mettant toutefois le meilleur tousiours le premier, nous efforcerons le plus qu'il sera possible d'estre limez en toutes bonnes meurs, & pour moins faillir quand aurons quelque doubte nous conseillerons auecq' ceulx qui l'entendent, & qui par long vsage sont maistres du bien viure. Et quand noz meurs seront reprinses il nous en fault corriger & nous conuertir en myeulx, car aux sages est requis ainsi le faire. Ny ne deuons suyure aucune chose pour bône qu'elle soit en telle obstination que nous en estant monstré vne meilleure ne la preferions à la moindre. Faisons doncques comme les bons painctres, qui ont accoustumé laisser considerer & iuger leurs œuures par le commun peuple, & puis corriger ce qui sera repris de plusieurs, & peult estre quelquefoys preferer le iugement à l'art, se souz mettant à faire ce qui est iugé de plusieurs. L'on doibt expressément consentir aux enciens, les suyure, honorer, & obeïr aux estatz, offices & magistratz qu'ilz tiendront, & auecques toute la compagnie ciuile conuerser amyableablement en vnion & concorde. Des choses comprinses es ordres, & statutz de la ville, ne nous apartient vous en admonnester, par ce que estans loix constituées, ce sont commandemens sur le faict d'honnestement viure. Ains ferons icy fin aux faictz qui temperément doibuent estre administrez. Maintenant reste à dire, ce qui est conuenable au repos & mouuement du corps, & pour n'estre trop prolixe, nous en parlerons conioinctement. Tout mouuement & disposition du corps, qui se difforme de l'vsage naturel, & semble laid, au regard se doibt euiter. Lon entend beaucoup mieulx quelz ilz sont, quand on erre en iceulx qu'ilz ne peuuent estre dictz. Il aduient souuent que par petitz signes on cognoist de tresgrandz vices, qui donnent vraye cognoissance de ce que sent nostre entendement, comme par vn regard esleué se cognoist l'arrogance: par le doux maintien, humilité: par se restraindre & appuyer sur le costé, douleur: & par clorre les paupieres des yeulx, les pensées: par regardz de trauers, hayne: par esleuer les soulciz, se mocquer: par retirer les leures, suspeçon: par regarder à œil bicle, chaleur: par estre triste, rire, trembler la voix, parler sincopement, & par telz & semblables mouuemens se cognoissent les intentions, & sur le champ, s'entend ce qui est conuenable ou contre le debuoir. C'est à la verité chose admirable a voir quelle force ont les mains à signifier noz intentions: en sorte que non seullement elles

Ce qui est licite au repos & mouuemēt

demon-

demonstrent, mais quasi parlent & sont suffi- *Mouue-*
santes à exprimer toutes noz conceptions, ainsi *ment des*
qu'entre les muetz est communément, veu qui *mains.*
par leurs mains ilz donnent à entendre toutes
leurs volontez. Auec les mains lon dechasse, &
appelle, s'esiouyt & demonstre douleur, signifie silence & bruict, paix & querelle, prieres
& menaces, crainte & audace, par elles lon af-
ferme & nye on, demonstre & compte, elles
raisonnent, disputent, & s'accordent & ac-
commodent à chascune intention de nostre entendement. Qu'elles soient doncques tousiours
mises modestement en œuure, à fin qu'on ne
voye en icelles, aucun estrange mouuement,
ains semblent tousiours conuenables & propres
à faire tout ce qui est requis: ne soient dures,
pendantes, molles ny de repos femenin: ains
retiennent apte promptitude, à ce qu'elles voudront, pourueu que ce soit en honnesteté. Au
marcher se doibt considerer l'aage & l'auctorité,
n'aller audacieusement, ny mouuoir ses pas len-
tement & auecques si grand grauité qu'on semble estre pompeux, & pareil aux processions des
dignitez sacerdotales: on ne doibt estendre ses
habitz, ny cheminer enflé, si qu'il semble la ruë
estre trop estroicte, & dire au peuple comme ce *Plautin.*
Plautin. Retirez vous du chemin quād ie faictz *Palantre.*
ondoyer ma palantre. Toutesfoys le cheminer
ne veult aussi estre si hastif qu'il signifie legie-
reté, & demonstre la personne n'estre constante, ains tout mouuement soit referé à vne honneste

neste honte, en laquelle la propre dignité soit
obseruée, ayant tousiours nature pour nostre
guide & maistresse. A ces mouuemens ordonnez est requis adiouster l'habit condescent : au
moyen dequoy se doibt tenir le corps nect, euitant toute sauuage ordure, sans toutesfoys estre
si poly que la trop grand cure de soy, resemble
au trauail que la nouuelle espousée prend pour
estre plus delicate, ains le conuenable ornement
serue à la digne auctorité de l'homme. A ce soiét
correspondans les habitz condescens & neatz,
sans auoir telle superabondance qu'ilz meritent
reprehension, & tousiours soit regardé à la propre dignité, delaissant les delicatz ornemens
aux femmes, aux quelles ilz sont plus conuenables, tant par nature, que par vsage. Temperance, comme nous auons demonstré, n'est qu'vn
certain ordre moderé de ce qui est en tout téps
conuenable à chacun : quant à ce qui est necessaire, nous en auons particulierement diuisé:&
l'auez (comme ie croy) pleinement entendu.
Or ça Tullius dit mesmes, offices ne sont propres aux aages dissemblables & differentes qua-
litez, pour ce que les vns sont pour les ieunes,
les autres pour les vicieux, & autres attribuez
à diuers degrez, nous dirons selon son opinion
ce qui doit apartenir à chacun, selon certaines
distinctions. Le propre office donc des ieunes
gens sera de honnorer ceulx qui sont de plus
grand aage, & d'iceux eslire les meilleurs &
plus approuuez, & se gouuerner par leur conseil

Offices de Ciceron.

feil & auctorité. L'aage ieune de foy mefmes, a befoing d'eftre gouuerné par la prudence des vieulx. Et pour ce qu'en ceft aage plus qu'à nul autre eft requis mettre ordre & frein à la luxure & plaifir charnel, fault trefexpreffément s'exercer en œuures penibles, tant de l'entendement, que du corps, à fin que leur induftrie s'augmente & deuienne puiffante & apte aux exercices ciuilz, & belliques. Et quand pour recréer l'efprit, ilz fe vouldront donner quelque plaifir, obeïffent aux commandemens de temperance, craignent honte, & ayent paour de faillir, chofe qui leur fera ayfée à faire, quand les anciens y afsifteront, l'auctorité & iugement defquelz foit par eulx craint & obferué. Il appartient aux anciês de diminuer les peines corporelles, & fe foulager des exercices de l'entendement, & l'augmenter aux ieunes, aux amys, & mefmement à la Republicque, le plus qu'ilz peuuent, & auecques leur prudence, & confeil, ayder, & prefter faueur. Sur tout fe fault garder de ne s'adôner à fi grãd repos & pareffe, que le corps debilité par trop long feiour, defaille de fes forces, & deuienne malade & caducque. Luxure en tout aage eft à reprédre, mais es vieil- *Luxure.* lardz plus qu'on ne fçauroit eftimer eft mefchâte, abhominable, & par multiplication fe redouble en mal. La mefme vieilleffe s'en vitupere, & fe couure de honte infame : & par fon exemple eflargift l'intemperance des ieunes, les faifant diffolutz & beaucoup plus effrenez. Celuy

qui

qui tient office magistral sur tout cognoisse s'estre deuestu de la propre personne, & retenir la publicque de tout le corps ciuil: & deuoir soustenir & deffendre la dignité & honneur de la maiesté publicque, garder les loix, pouruoir auecques bon ordre, conseruer toute la ville, & continuellement auoir en memoire que la multitude a remis le tout soubz sa foy. Le citoyen priué doibt semblablement en esgalle loy viure auecques les aultres sans s'abastardir ny retirer arriere, ny aussi se trop esleuer sans mesure, & desirer tousiours en la Republicque paix, tranquilité, honnesteté: tousiours preferer l'hōneur, l'vtilité, & le bien public à sa propre commodité. Les estrangers ne doibuent oultre leurs negoces s'enquerir es villes & citez d'autruy, ny auoir sollicitude des Republicques estrangieres, ains honnestement viure, & se rendre agreables & beneuoles à chascun. Ainsi sont descriptz les offices de tous estatz, esquelz se doibt tousiours considerer ce qui est propre aux personnes, au temps, & à l'aage de celluy qui se trauaille en quelque chose. Il n'y a riens si conuenable à l'homme, que en tout ce qu'il fera ou dira obseruer ordre & moyen auec deuë temperance. Nous auons desia beaucoup parlé, parquoy i'y adiousteray, seulement, que assez grande operation de temperance, est celle qui refrene les appetitz & concupiscences de nostre chair, se gaignant soy mesmes, & sans se laisser transcourir es appetitz, obeist à la nature & propre

Le priué citoien.

Estrāgers

pre raison. Mais deuant toute temperance humaine, celle qui par seule vertu suporte patiemment la douleur & la mort, est la principale. Certes il est biē dificile de resister à deux maulx si terribles, & neantmoins plusieurs vertueux les ont patiemment supportez quand l'honnesteté l'a requis, ou que la gloire les y a accompagnez. Epaminundas sentant la vie & le sang luy defaillir, dict: Ie sens ma douleur doulce, & me contente du changement de ma vie, puis que ie laisse emperiere ma patrie, que ie trouueray serue. Scipion Affrican. disoit les mesmes peines n'estre esgallement griefues au capitaine de guerre & aux autres souldatz, pour ce que l'honneur soulage beaucoup les trauaulx de celuy qui conduisoit le tout. Marc Fabius, Lucius Paulus, & Marc Caton hommes tresrenommez à Rome, leur estant raportée la mort de leurs enfans, ne s'altererent, ne feirent aucun signe de douleur: puis enquis par les ennemys, comment ilz se pouoient contenir en si grandz dōmages, respondirent, n'estre cōuenable ne honneste aux hommes se lamenter ou plaindre d'aucun cas, ou ilz defaillissent de coulpe. Autres se trouuerent, lesquelz oyans nouuelles (non esperées) de la mort de leurs enfans, respōdirent patiemment: des le commencement nous sçauons bien les auoir engēdrez mortelz. Mais cela me semble peu entre les hommes vertueux, quand en moy mesme il me souuient qu'vne femme nommée Lacena, fut aduertie que son filz estoit

Principale tēpōrāce est auec vertu supporter la mort.

Epaminūdas.

Scipion.

*M. Fabius
L. Paulus
M. Caton*

Nota.

Lacena.

H mort

LE SECOND LIVRE

mort pour la Republicque, elle respondit: pour ce l'auoy ie expressémēt engendré, à fin qu'il se trouuast vn homme desireux de mourir pour la patrie. Les bons & fidelles aucteurs sont rempliz d'exemples, démonstrans les vaillans tousiours auoir temperément suporté fortunes aduerses, & iusques au dernier iour de leur vie auoir esté accompagnez de constante fermeté & modestie bien ordōnée, ny iamais sans moyen s'estre perturbez en lieu ou leur vertu soit defaillie, mais puis que la renommée nous en rend trescertains il n'est besoing d'y consumer autre temps. Au moyen dequoy ie retourne à vous recorder vn enseignemēt singulier, & certes trespropre (ainsi qu'il me semble) à refrener, & rendre temperé tout apetit desordonné, & qui sans doubte non seulement vous aydera grandement: mais encor à tous autres qui auront desir d'eulx contenir. Retenez le & l'arrestez en voz entendemés pour dernier enseignement, à deuoir cōfondre toute personne, & la reduire contente à temperément viure, car qui l'a, desirera faire ayséement, qu'il considere & cognoisse tous les apetitz humains estre sans fin, ne iamais estre saouz. Cecy est assez entendu: & affermé & prouué par tous les sages: & certifié par ceux, qui sur tous les autres hommes ont amplement possedé, ce qui se peut desirer des biens terrestres. Xerces Roy de Perse remply de tous les dons de fortune, non content de seigneurier vne grande partie du monde, ny des innumerables & tresgrandz exercites,

Xerces.

ny

ny de grand nombre de peuple,& grande multitude de nauires, ny d'vn nombre infiny d'or, fit publier par tout le monde tresgrandz recompenses à qui luy trouueroit nouueaux passetéps, puis en auoir prouué plusieurs, encores dict ne estre content. Alexandre le grand obeï par tous les lieux du mõde ou il pouoit aller, trouua Diogenes viuant pauurement, auec grand' sagesse en vne trespetite habitacion,& luy voulant faire de grandz & riches presens les refusa, alors Alexandre dict: Certes tu es plus heureux que moy qui cerche de posseder tout le mõde. Puis oyant Democrite qui disoit,y auoir plusieurs mondes, dict: Ie voy bien que mon esperance est vaine, qui espere en ce que i'espere pouuoir tout dominer. Salomõ magnifié de dieu sur tous les Roys de la terre, remply de sagesse & vertu, plus que nul autre, la presence duquel estoit desirée par tous les seigneurs de la terre,& reueré auec tresgrand admiration,& honoré de trespreci eux dons, luy qui estoit gouuerneur de si grãd peuple, que la sainte escriture le comparoit à l'arene de la mer. Luy qui auoit tãt de serfz, de mulletz, de cheuaulx, & autres ornemens d'or & precieuses bagues, autant magnifique qu'on en ayt veu en terre, copieux d'edifices singuliers tresbiẽ ornez, seruy de plus de mil tresnobles & belles ieunes filles, au temps duquel fut si grande abondance d'or & pierres precieuses, qu'on les atachoit dans les murailles, cõme auiourd'huy font les chailloux,& finablement mis entre tou-

Alexãdre le grand. Diogenes. Democritus.

Salomon.

tes les magnificences,en toute superfluité, honneur,abondance,coppie, ou maiesté qu'on sçauroit considerer, remply de merueilleuse sagesse, & autant obey de tous les potentatz du monde, que luy mesme le vouloit,ayant cogneu tout le plaisir,qui se peult desirer en terre, il dist d'vne voix delicate, l'vne des choses estre vanité de l'autre,& que le tout ensemble estoit vain.Considerant donc le iugement aprouué de telz hommes,& plusieurs autres semblables au leur, lesquelz apres plusieurs grandz faictz, ont iugé ne se pouuoir l'or aprocher à la mesure de l'esprit, ny estre en petite partie contens : nous deuons tous postposer les desirs vains,& nous acommoder au moyen temperé de vertueusement viure.

Fin du deuxiesme liure de la vie Ciuile.

LIVRE TROISIESME
DE LA VIE CIVILE, DE M.
Mathieu Palmier, à M. Alexandre des Alexandres.

IL se trouue plusieurs & diuerses choses en la presente vie (maistre Alexandre (trescher amy) que nature a faictes, delectables & cheres aux hommes: mais il ny a charité qui nous contraigne plus que l'amour de la patrie, & de noz propres enfans. Ce qui se cognoist ayséement pour ce que tout autre bien & plaisir se finit auec la vie, mais nous desirons qu'apres nostre mort, la patrie: & les enfans durassent & fussent tresheureux & abõdans de vraye gloire: si ne peut on pas dire sufisamment d'ou cela procede: & toutesfoys nous cognoissons estre ferme en noz entendemẽs, vn certain desir, quasi pronostic des siecles, futurs, qui nous contraint desirer nostre perpetuelle gloire, le tresheureux estat de nostre patrie, & le salut cõtinuel de ceux qui procederont de nous. Nous desirerons tousiours telz biens estre perpetuelz, & apres nostre mort durer eternellement. Toute autre chose n'est comme peu ou point estimée: seulement la patrie & les enfans nous sont recommandez apres la mort: & quant l'entendement est plus esleué, tant plus est en luy feruant tel apetit: lequel subiect osté de noz es-

Amour des enfãs.
Amour de la patrie.

H iiij pritz,

pritz, il ne se trouueroit personne (pour peu de cognoissance qu'il eust) qui pour faire bien, à sa patrie & aux enfans vouslust viure en continuelle peine & griefz perilz, ne moins eslire la mort pour le salut d'iceulx, mais seulement pour ce qu'ilz desirent eux & leur patrie estre annoblis apres leur mort, ilz se soubz mettent aux peines, trauaulx, perilz, & mort glorieuse. A ceste cause on tient pour chose asseurée nulle des œuures humaines estre plusgrand ne plus digne, que celle qui est faicte pour l'augmentation & salut de la patrie, & de l'estat de quelque Republicque bien administrée, à la cōseruation desquelles mesmement sont les hommes vertueux bien propres. Et sur tout autre vertu, Iustice est necessaire à telle conseruation, sans laquelle n'y a ville ny aucun estat, ou gouuernement public qui puisse durer: & elle seule a si grande force qu'elle se treuue ferme pour stable fondemēt, sur lequel tout empire se peut tresseurement fonder, & sans elle toute force & autre puissance que ce soit est incontinent ruynée. Ceste vertu est seule emperiere de toutes les autres, elle conserue à chacun ce qui est sien pourueoit à tout le corps de la Republique: elle cōserue chascun membre conioinct & r'alie la paix, l'vnion & la concorde de la multitude: parquoy non seulement la ville saine & vigoureuse ne vaxille, ains resiste vaillamment, comme puissante, & se deffend de tout accidēt qui se puisse leuer, soit dedans ou dehors. De

Iustice fō-dement de tout empire.

ce bien ciuil sera le deuiz de ce present liure, auquel i'espere vous monstrer le plus manifestement qu'il est possible, quel origine & quelz principes elle a euz : & generalement en quelles parties elle est exercitée : comment es guerres & en quelle maniere durant la paix la Republicque se gouuerne iustement : auecq' quel ordre elle distribuë esgalement la faculté, les honneurs & subsides publicques : & quel est l'estat, la gloire, & ferme establissement de toute Republicque bien ordonnée.

Doncques Franc. & vous Loys, arrestez icy voz entendemens à fin que, comme vous auez monstré que desirez estre bons citoyés, vous cognoissiez les enseignemens de ce troisiesme liure, & selon iceulx gouuernez vertueusement voz œuures & operations, car en ce faisant vous serez suffisamment parfaictz, & autant excellens que le peut permettre la vie ciuile en ceste vallée tenebreuse. Franc. Nous sommes bien disposez d'ouyr ce que iugerez necessaire, & profitable à entierement nous enseigner le bien & honnestement viure, sans vouloir vous imposer loy, ains sommes contens de vostre seul iugement. Bien nous seroit agreable que nous eussiez en telle estime que ne doutassiez si voulons estre bons citoyens, puis que des le commencemét auez cogneu que ne tendons à autre fin, c'est pourquoy vous auons fasché & fascherons esperás certes nous efforcer en sorte que voz enseignemés ne seront point sans fruict en nous.

Hiiii ANG.

ANGE. Le tout soit dict auec voſtre silence, pour vous rendre plus ententifz, & auſsi les autres qui m'orront: or retournons à noſtre propos. Des quatre parties eſquelles nous miſmes toute honneſteté ciuile, reſte ſeulement à parler d'vne nommée Iuſtice. Ceſte cy de ſoy meſmes eſt quaſi parfaicte vertu, & ſuſiſante à rendre les hommes bienviuans, pource qu'elle obſerue eſtroictement les bonnes loix, & celuy eſt iuſte qui vit ſelon icelles. Les loix pourvoient à l'vtilité commune des princes, de la Republique, & de chacun homme priué, commandent toutes œuures vertueuſes, empeſchent & prohibent les vices, & ſelon le merite donnent pene ou recompenſe. Pour ceſte ocaſion le iuſte ſe treuue ſuffiſant à bien & honneſtement viure: eſtant reputé iuſte celuy qui entierement obeiſt aux loix. Les loix commandent les œuures de force, comme eſt audacieuſement deffendre la patrie, & ne pardonner à la propre vie ſi on en cognoiſt le proffit: eſtre temperé & refrener les cupiditez, comme de n'adulterer, cõmettre larrecin ny autre meſchanceté. Semblablement commandent tous noz dictz, & noz faictz, commandent manſuetude & benignité, honte & toute autre vertu: & pource Iuſtice eſt apellée vertu entiere nõ pas partie de vertu, & celuy qui vit iuſtement eſt perfait. Le premier commandement & don ſingulier qu'on reçoit de ceſte vertu, eſt ne nuyre à ſon prochain, ſinon par celuy qui eſt conſtitué iuge ſur

les

Loix.

DE LA VIE CIVILE. 61

les iniustes. L'autre tresexpres enseignement, est que toutes choses publicques soient commu‑ nes & vsées publicquement: le possesseur des priuées en vse cōme de siennes: par nature, nul‑ le chose est priuée, ains tout le monde est com‑ mun à l'humaine generation. Les occasions de diuiser les biens mondains & de distribuer en particulier ont esté diuerses & differentes. Premierement la tresancienne occupation, cō‑ me en ceux qui au commencement sont venuz habiter en lieux vuydes & non possedez par au‑ tres. En apres la iuste victoire a donné nouue‑ aux possesseurs aux prouinces suppeditées. D'a‑ uantage, les propres facteurs d'aucunes choses ont la domination de ce qu'ilz ont faict: puis l'ordre des loix, conuentions, coustumes, condi‑ tions & fortunes, ont rendu particulieres les pos‑ sessions qui au parauant estoient communes. Chacun donc doit tenir & posseder ce qui luy apartient selon raison: qui en prendra ou posse‑ dera plus, sera contreuenant à l'ordre de l'hu‑ maine conionction, laquelle selon l'aduis des sages Philosophes doit estre augmētée & main‑ tenuë, par ce que le commencement, l'origine, & nostre naistre ne sont pour nous seulement, mais partie à la patrie, partie à noz parens, & partie aux amys, en doibt estre conuenablemēt deputée. Et comme fut l'aduis des Stoïciens, ce qu'en la terre abondante & feconde est engen‑ dré par nature, ou par art, est crée pour l'vsage & commune vtilité des hommes, les seulz hom‑

Toutes choses cō‑ munes se‑ lō nature.

Humaine cōionctiō

Opinion des Stoï‑ ciens.

mes

mes ont esté engendrez, & faitz pour eulx mesmes, à sçauoir pour l'ocasion des autres hommes à fin que transmuâs charitablement entre eux, les offices necessaires ilz puissent s'ayder & subuenir à la propre cõseruation. En celà nous deuons suyure nature comme guide & conductrice de nostre humanité, communiquer toute vtilité, donnant & recepuant alternatiuement les benefices, & auec estude, industrie, & commodité, conioindre, augmenter, & maintenir ce sainct lieu & deuoir naturel de l'vnion humaine. Celuy qui contreuiendra à ceste saincte & diuine loy sera certainement iniuste, & digne de commune hayne. Il y a deux vituperables moyens d'iniustice: L'vn de ceulx qui la font, & l'autre de ceux qui ne la vengent, s'il est possible. Le glorieux apostre sainct Paul remonstrant cecy en l'epistre aux Romains, nous admonneste sainctement disant. Ceux qui font iniustice meritent la mort, & non seulement ceux qui la font, mais encores les consentans. Celuy doncques (ayant la puissance) qui ne resiste aux iniures encourt au mesme vice, que s'il auoit commise la mesme iniustice. Raison & iniure procedent premierement de nostre volonté, & alors sont proprement faictes, quand elles sont esleuës par vne deliberation bien examinée. La nature de toute vertu, est proceder de l'entendement franc & libre, autrement elle se change & n'est vertu. Au moyen dequoy celuy qui est contrainct par autres, ou qui de paour, crainte de

Paul aux Romains

Raison. Iniure.

te de peine, ou d'aucune infamie, rend ce qu'il a de son prochain n'est iuste. Semblablement qui est destourné de rendre, & ne rend ce qu'il a d'autruy n'est iniuste, pour ce que raison & iustice se mesurent selon la volonté de celuy qui en est aucteur. Il aduient souuent que par ignorance, par cas fortuit, ou par erreur se commect iniustice, ne sçachant en quoy, à qui, ny comment. Si telles erreurs arriuoient sans aucune ocasion, & fussent de choses non appartenantes d'estre sceuës par celuy qui commect l'erreur, peult estre qu'ilz ne meriteroient estre puniz, mais sans doubte les ignorans sont puniz en ce qui est escrit par les loix: pour ce que estans soubmis à icelles, ilz les debuoient sçauoir, & conduyre leurs œuures, selon icelles. Ainsi aduient es autres choses qui sont faictes par nostre negligence: pour ce que nous pouōs les aprendre, & euiter l'erreur duquel nous auons esté l'occasion par negligence. Toutes & quantesfoys qu'il apert vicieuse occasion du malefice commis ignoramment, le delinquant merite double peine. Parquoy Aristote dict, que les yurongnes soient premierement puniz de l'ignorance, de laquelle eulx mesmes ont esté l'occasion, estant en leur puissance de ne deuenir yures, & encores de la faulte commise par l'ignorance acceptée. En toute iniustice doibt estre cōsideré si par ire, ou par autre perturbatiō d'esprit, ou auec conseil, & de guet à pensée l'iniure a esté faicte: pour ce que assez plus legie-

L'homme soubmis à la loy doit cognoistre la loy

Aristote.

res

res sont celles qui auiennent sans consideration & à l'impourueu, que les autres de long temps pensées. Il y a plusieurs occasions qui volontairement nous font estre iniustes:&bien souuent la crainte, quand nous cognoissons que faisant le deuoir,il nous en suruient incómodité. Quel-

Cupidité. quefoys aussi cupidité insatiable nous faict faillir, pensant qu'il nous soit vtille & profitable d'estre iniustes, auquel vice manifestement se demonstre auarice,& faulte de foy. Autres sont eslongnez de la iuste vie pour le desir d'hónneur,

Desir de honneur. Sentence de Iules Cesar. Prouerbe d'empire,seigneurie,ou gloire: duquel vice encores dure la sentence de Iules Cesar, disant: Si Iustice doit estre violée,certes c'est pour regner. Aucunesfoys la malicieuse interpretation des loix est cause de treseuidentes iniures: parquoy on dict en commun Prouerbe. De trop grande raison quelquefoys aduient tresgrand iniure. Comme ceux qui publicquement auoient asseu-

Cautelle. ré leurs debteurs pour vingt iours, puis la nuict ensuyuant les contraignoient, disans, qu'ilz les auoient asseurez pour le iour seulement,& non pas pour la nuict. Autres depuis admonnestez de telle fallace prindrent foy, de pouuoir demourer asseurez vingt iours,& vingt nuictz, puis

Autre cautelle. allans pédant ce terme par les ruës estoient constituez prisonniers, disans,que s'arrestás coy ilz estoient libres:mais non pas en cheminant. Certes telles subtilitez sont vituperables, pour ce qu'en icelles ny a foy, ains tromperie manifeste Beaucoup plus estoit abominable & iniuste, la de-

demande de ceux lesquelz ayans conquis à moitié vn grand butin sur les ennemys, demandoient que les bestes & les hommes partiz par le milieu fussent deliurez à chacun à part: pensée certes cruelle, odieuse, & brutale: non seulement iniuste, mais encor pernicieuse & maligne: & neantmoins il peut estre que selon les conuentions el le sembloit se pouoir legitimement demander. Toutesfoys telles subtilitez ne doibuent estre suyuies par ceux qui desirent deuenir iustes: car pour certain en trop grande raison ne se trouue iustice, quand elle est preiudiciable à qui interuient en icelle. Or ie pense auoir sufisammét dict, comment se faict iniure. Nous dirós donc maintenant que laisser les deffences, & soufrir iniurier autruy procede de plusieurs occasions. Aucuns pour fuyr malueillance, peine, ou despence abandonnent ceux que charitablement ilz deuroient deffendre. Autres sont paresseux de complection, & n'estiment les aduersitez de autruy. Autres occupez en leurs exercices, curieux de inuestiguer choses d'esprit, mesprisent les communs affaires des hommes, & quasi contens demeurent en leur honneste consolation, se gouuernans seulement par la libre conscience, sans faire iniure à aucun. Ceulx là à la verité ne font iniure, mais si est ce qu'ilz tombent en autre iniustice, quand trop occupez es estudes particulieres, ilz abandonnent l'vniuerselle multitude qu'ilz estoiét obligez de deffendre. Ceulx cy excusans leur erreur, dient

Abandonner les deffences.

n'an'auoir esté requis, & n'estans requis n'estre obligez, comme si leur iustice deust plustost proceder de la requisicion d'aultruy, que de leur propre volonté: & toutesfoys il est beaucoup meilleur faire bien volōtairement, pour ce que comme nous auons dict cy deuant, ce qui est droicturierement faict est iuste, si elle est volōtaire. Il est dificile reparer les faultes d'autruy, bien que la beneuolence naturelle soit encline à la conseruation vniuerselle de chacune creature humaine, neantmoins en ne nous aymans trop ayfément, nous entendrons ce que raisonnablement sera conuenable de faire à chascun. C'est chose naturelle de cognoistre, & sentir beaucoup myeux noz prosperitez & aduersitez propres que celles d'autruy: pour ce que les nostres nous touchent au vif, & les autres sont regardées de loing, ou ombragées, comme la Lune entre les bruynes. Au moyen dequoy nous donnons iugement de noz faictz en vne sorte, & de ceux des aultres en vne aultre. Et de là peut estre procedé quelquefois nostre tardité es œuures d'autruy, en suyuant la sentéce de ceux qui disent, qu'on ne doibt faire la chose, dont lon est en doubte, si elle est iuste ou iniuste: par ce que la iustice reluist, & de soy mesme se demonstre, & le doubte n'est sans suspicion de iniure. Des deux parties de iniustice, assauoir de ceux qui la font, & des aultres qui ny contredient s'ilz le peuuent faire, suffit d'auoir passé par dessus: maintenant me semble conuenable

suy-

suyure certaines iniures qui se peuuent faire quelquefoys de guet à pensée sans estre iniuste: comme rendre à chascun ce qui est sien est chose iuste, consonante à tout homme de bien: neantmoins rendre les armes à vn furieux seroit iniuste, Semblablemet obseruer les choses promises, regarde la verité & la foy, & est chose iuste: toutefoys estans dommageables à qui les reçoit, il seroit honeste ne le faire. Encores seroit il aucunement honneste, n'obseruer les choses promises si elles estoient occasion de plus grand peril ou dõmage à celuy qui les a promises, que vtiles à qui les reçoit. Comme qui promettroit dans certain temps deffendre, ou porter faueur à son amy, & cependant son filz deuenoit griefuement malade, ce ne seroit contre le deuoir de laisser l'amy, & subuenir au salut du propre filz: ains pluftost celuy auquel estoit promis, seroit à blasmer s'il se plaignoit d'auoir esté abandonné à sa necessité. Aussi est il licite n'obseruer les promesses iniustes que nous aurions faites par contrainte ou deception: pour ce que tout se doibt rapporter à deux parties, ou bien à deux principaux fondemens de iustice: L'vn, qu'on ne dõne preiudice à aucun; L'autre, que le commun salut de tout soit conserué. LOYS. Ie ne sçay si ie suis en erreur, mais il me semble que iusques icy vostre propos a esté de Iustice en general, puis de Iustice & ses parties, ensemble des occasions pourquoy elle se commect: & de ce nous auons clairement entendu vostre aduis,

Des choses faictes de guet à pensée & ne sont iniustes.

que

que nous approuuõs: maintenant s'il vous plaiſt nous prendrons grand plaiſir d'entendre ce que depuis le commécement auons deſiré, à ſçauoir quelle eſt l'origine de iuſtice, & quelz ſont ſes principaux fondementz, auſquelz ſe rapportét noz œuures. ANGE. Vous auez tresbien compris, & pour l'aduenir i'eſpere qu'entendrez auec pluſgrand plaiſir, pour ce que la matiere eſt plus belle & plus excellente, & ſi penſe ne parler en moindre ſentence, diſant, Iuſtice eſtre habitude diſpoſée à la conuerſation de la commune vtilité, rendant à chacun ce qui luy apartient, ainſi que l'auons cy deuant monſtré. Son commencement eſt deriué de nature, puis receuë entre les hommes a demonſtré l'vtilité, par longue couſtume approuuée. De là vient que premierement la religion, puis iuſtice, ont ſainctement conſtitué les loix diuines & humaines. Il y a doncques deux ſortes de loix, auſquelles l'humaine generation eſt ſoubmiſe. La premiere eſt quaſi diuine & de nature: L'autre eſt à la ſimilitude de la premiere eſcripte & approuuée par les hommes. La loy naturelle eſt raiſon parfaicte, née en chacun, diffuſe en tout, vraye cóſtante, & eternelle, laquelle en tout temps, en tous lieux, & entre toute gent eſt ſeule, perpetuelle immuable & certaine. Toutes les loix eſcrites prennent d'elle leur commencement & à elle ſe rapportent. D'elle procede la religion, les ceremonies & celebracion de l'office diuin, qui ne ſeroient conſacrées par toutes nations auec ſi

Difinitiõ de iuſtice.

Origine de iuſtice.

Deux ſortes de loix

Loy naturelle.

tue si grande efficace, si vne supernelle essence eternellement parfaicte en diuine vnion, ne fust naturellement entrée en noz entendemens. D'elle viennent les obligations à la patrie, la pieté des parens, la charité des enfans, la beneuolence des conioinctz & finallement l'vniuersel lien, & diffuse dilection de l'humaine multitude. D'elle deriuent les commoditez, benefices, remunerations, & œuures charitables, & pareillement les honneurs, recompenses, vindictes, vituperes, & les peines en ont en leur propre origine. De semblable commencement se garde la dignité, reputation & estime des anciens abondans en vertu, excellens & dignes sur tout autres, cy est encores la verité & la foy constante, immuable, & ferme, souuent tout nostre bien est conserué par la loy naturelle, auec bon ordre & mesure parfaictement accomplie. Elle est dame & emperiere de toute autre vertu, c'est celle par laquelle l'espece humaine precede toutes les choses en terre. Elle est née du Dieu qui l'a faicte telle, qu'elle n'est surmontée ou maculée de nulle defectuosité humaine, ains elle se conserue en son essence parfaicte pour exemplaire reluysant, auquel se rapportent toutes les œuures des hommes. La seconde loy est escripte par les hommes, ainsi que il a semblé estre esgal au salut de tous. Auant qu'elles fussent constituées, nul ne s'y estoit soubmis, & estoit permis à chascun faire, ou ne faire ce qui est contenu en icelles. Elles sont

main-

maintenant approuuées, & celuy qui y contreuient fait telle faulte qu'elles mesmes ont ordonné les propres peines du contreuenant, selon qu'il a semblé conuenable. Par telles loix nous sommes contraintz n'auoir qu'vne femme espousée, & ne faire separation du viuant des deux coniointz: chose dont n'estoit faict estime auant que telle loy fust escrite. A present seroit abominable, hors toute religion, & contre toutes loix ciuiles de faire le contraire. Es loix escrites y a innumerables choses semblables aux dernieres mentionnées propres à conseruer: l'amour, l'honnesteté & le deuoir de chascun, faictes comme pour vn passage terrible à tout vicieux, en faueur & confort des bons, au moyen de quoy est dicte ceste sentence. Les bons ont le peché en hayne pour l'amour de vertu: & les mauuais se gardent de paour d'estre punys. La *Coustume* coustume est encor vne autre partie de loy, qui a retenu pour loy, à cause de la longue approbation: plusieurs choses non escrites, & qui sont en public vsage si louablement obseruées, que deuant les hommes seroit maintenant deshonneste y contreuenir. Suyuãt ces coustumes depuis le mariage accordé, l'espouse ne doit coucher auec son mary iusques au iour des nopces publiées, & semblablement la femme nouuellement mariée, doit seulement de trois en trois iours coucher auec son mary. Lesquelles coustumes iusques au temps des Romains comme approuuées estoient obseruées: & non seulement mēt ceste cy, mais encores, maintes autres plus louables, que ne sont à present (bien qu'ilz fussent gentilz) en la religion chrestienne. Les Romains auoient accoustumé d'espouser de nuyt à la lumiere des torches, & en la compagnie priuée des parens, estans les espousées couuertes: car ilz disoient n'estre conuenable voir publicquemēt par Rome vne vierge allant perdre le noble degré de virginité. Puis arriuée en la chambre du mary, & chascun tetiré ou respādoit des noix par l'hostel, faisans le plus grād bruict qu'ilz pouoient, à ce que les criz & plaintes de la nouuelle espousée, ne fussent entenduz, lors qu'on la despouilloit de sa virginité. Pour le iourd'huy en la chrestienté, les vierges sont montées publicquement à cheual, ornées le plus richement qu'elles peuuent, fardées de toute lasciuité, auec les instrumens deuant conuocans le peuple à voir l'effrenée audace & leur insolente hardiesse, & sont portées au camp de la iouste tant desirée, puis tournoyans les places & faisant la monstre, vont perdre leur virginité. FRANC. Nous auons suffisamment entendu l'origine de iustice, quelz sont ses mēbres, & quel fruict s'en peut retirer. Parquoy cōgnoissans aussi par vostre instruction, que tout ce que nous pouons raisonnablement faire luy est souzmis, nous vouldrōs sçauoir en particulier le moyen de nous gouuerner en toutes noz operations pour estre iustes. ANGE. Les choses qui nous aduiennent sont si diuerses & differentes,

I ii   qu'il

qu'il seroit impossible de parler amplement de toutes, neantmoins pour vous satisfaire en tout ce que pour le present sera possible vous specifier, ce qui est requis en aucunes excellentes & principalles à qui veult se gouuerner selon iustice. Entre tous les exercices humains, ne s'en trouue point de plusgrand, ny plus abondant de gloire que celuy des fortz vaillantz & preux capitaines de guerre. Ceulx cy es gouuernemens des Republicques attaignent le premier degré, ou bien sont apliquez à toute autre operation ciuile. La bonne Republicque donc, ne doit pas moins chercher, & desirer iustice en guerre, que la iuste vie en ses citoyens, dans la ville. Il y a deux manieres de questions : l'vne par dispute, quand on cherche legitimement le deuoir de chacun. L'autre par force, quand on combat auec les armes, pour sçauoir quelle est la plusgrande puissance. La premiere est propre aux hommes, & la seconde aux bestes: toutesfois il est necessaire auoir recours à la derniere, quand on ne peut vser de la premiere: & pour ce quelquesfoys on doibt faire emprise, entreprendre guerre, à fin de viure en paix. Auant que commencer les guerres, on doibt auoir plusieurs considerations en soy: car celluy seroit temeraire & brutal, qui sans conseil se voudroit adresser aux armes. Parquoy noz anciens peres ont dict par forme de remonstrance, qu'il est tresfacile commencer les guerres, & le peult chacune des parties faire : mais de reparer

Les genereux & vaillãs capitaines sont premiers au gouuernement des Republiques.

Deux manieres de questions

Guerre ne doit estre cõmencée sans conseil.

les

DE LA VIE CIVILE. 67

les ruynes, & accorder la paix, appartient seulement au vainqueur. Certes tout commencement de guerre doit estre diligemment examiné, & chacune entreprise bien iustifiée: puis apres si on la trouue faisable, il la faut rapporter à vne fin honorable. La iuste guerre se dresse expressément, pour recouurer ce que les ennemys ont vsurpé iniustement. Aussi est faicte tant pour la deffence du bien propre, que pour venger l'iniure soustenuë par violence, & à fin que la dignité publicque soit conseruée. Or pour quelque cause que la guerre soit esleuë, elle doibt premierement estre signifiée que arrestée: à fin que si la patrie qui auroit offencé, se vouloit raisonnablement reconsilier, la paix transquille soit esleuë plustost que la guerre cruelle: parquoy tout homme, qui ne voudra circonuenir eslira plustost la paix. Soient doncques les guerres commencées en sorte qu'il semble que ce soit pour auoir paix. Les Romains auoient anciénement grand esgard & religieuses solemnitez à commencer les guerres, & semblablement à faire & conclure la paix: en iustification de quoy ilz deputoient certains prebstres que ilz apelloient feciaulx. Quand le peuple Romain auoit receu quelque iniure, ces prebstres estoient enuoyez deuers ceux qui l'auoient comise, & arriuez en leur presence à haulte voix & solemnellement exposoient leur charge, disans: Quelques vns de ce peuple, ont tresiniustement failly contre le peuple & senat Romain:

Occasiõs de guerres.

Obseruãce des Romains sur le fait des guerres.

Prestres apellez feciaulx.

Forme de deffier les ennemys selon la coustume des Romains.

I iii   par-

parquoy nous sommes icy enuoyez nous plaindre de l'iniure, & demander la restitution des dommages. Si vous rendez ce qu'auez pris, & mettez les aucteurs de telle iniure es mains du peuple & senat Romain: nous vous apportons amytié, auec paix transquille. Si vous faictes le contraire, le peuple Romain vous annonce la guerre, inuoquans le souuerain Dieu pour tesmoing, contre le peuple qui a le premier commencé l'iniure, & puis mesprisé celuy qui demande restitution. Le prians encores deuotement que tout le dommage de ceste gurre se retourne sur ceulx qui en ont esté la premiere ocasion. Celà dict, iettoit vne hache en leur territoire, disant: Au nom du peuple & senat Romain ie vous signifie & denonce la guerre. Apres telle denonciation disoient la guerre estre iuste, & permettoient que telz ennemys fussent opprimez par armes, chose qui au parauant estoit interdicte. A conclure la paix, la solemnité n'estoit moindre, & s'appartenoit aux mesmes prebstres, & estoit telle. Premierement ilz demandoient l'auctorité dans le senat en ceste maniere. Est ce le plaisir du senat & peuple Romain commander que ie concluë la paix, auec le peuple Cartaginois? Alors qui auoit l'auctorité respondoit, ainsi luy plaist, & ainsi le commande. Le prebstre suyuoit oultre, & disoit. Vous messeigneurs donnez moy auctorité publicque, & faictes que ie soys comme vn mandataire & messager vniuersel du senat & peuple

Seremonie à conclure la paix selō les Romains.

ple Romain. Et lors luy estoit respondu: Ainsi le faisons, & plaise à Dieu que soit sans nostre fraulde & l'infamie de ce peuple. Ayans ainsi parlé auec tressolemnel serment, les consciences de chacun estoient obligées treseftroictement. Puis en lieu commode se assembloient tous les prebstres des parties contractans, & la selon l'ordre lisoient les chapitres esquelz par commun accord ilz entendoient eulx obliger. Ce faict ilz disoient l'vn apres l'autre ces parolles: Dieu omnipotent nous vueille benignement exaulcer & toy mandataire de Cartage, & aussi tout le peuple Cartaginois entendez sainctement toutes les choses qui pour paix & vnion sont escriptes, & contenuës en ce cartel, sans dol, fraulde, ou deception, ains purement & auec bonne foy, ainsi qu'auiourd'huy ont esté leuës & entenduës, ausquelles conuentions le peuple Romain promect ne contreuenir le prouuer en aucune sorte: & si à l'aduenir par conseil ou circonuention se faisoit le contraire, alors le Dieu omnipotent assaille & brise le peuple & senat Romain, comme maintenant i'assaulz & decoupe ce pourceau, & d'autant plus comme il sçait & peult d'auantage. Ces parolles dictes desrompoit cruellement vn pourceau auec vne solemnité tressacrée, selon la coustume des anciens. Ce faict en pareille maniere l'autre partie s'obligeoit solemnellement: promettant & à Dieu & aux hommes soubz serment solemnel, ny contreuenir. Auec telle religion les anciens

iusti-

iustifioient tout exercite de guerre, si qu'il n'estoit permis à vn seul soldat combatre auec l'ennemy, s'il n'estoit premierement consacré par serment solemnel en la gendarmerie, & bien souuent furent plus asprement punys ceulx qui sans obligation militaire combatoient, que au-autres qui obligez ne vouloient combatre. D'auantage celuy qui apres la retraicte sonnée estoit lent a se retirer se trouuoit souuent en plus grand danger que l'autre qui de paour s'estoit mis en fuitte. L'obeissance & ordre que les Romains auoient en leurs exercites estoit tant grande qu'ilz se pouuoient raisonnablement apeller religieux obseruantins.

Il ny estoit commis larrecin, homicide ny adultere: Il n'y auoit aucune trahison, lasciuité, ou ieu deshonneste, ains tour exercices, dignes, honorables, vertueux, & de vie bien moriginée, & estoient seulement contre les ennemys, vaillans, hardiz & courageux. Ilz estoient si temperez de leur bouche qu'ilz portoient leurs viures, pour quinze iours, auecques l'espée, l'escu, & l'accoustrement de teste, n'en faisans non plus de compte que s'ilz eussent esté à deliure, & sans empescher autruy, les portoient si proprement que tous ceux qui n'auoiet autres armes estoient appellez souldatz d'execution. Quand encores la necessité le requeroit chacun d'eux portoit vne atache, à fin que logeans en lieu suspect, ilz les entrelassent & feissent vn parc, auquel fortifiez peussent seurement

Obeissances des soldatz Romains.

Sobrieté des soldatz Romains.

ment

ment loger. En l'exercite de Marius ne se trou- — *Marius.*
ua seulement vn viuandier, non vne femme, ny
vne seule deshonneste coustume, ains tout ordre de bien, & iustement viure. Certes l'exem- *Iugement*
ple d'vn sien iugement approuué ne merite en *de Mari-*
cest endroit d'estre oublié, ains recité en la con- *us.*
fusion des meschans, vn de ses soldatz essaya en
son camp de forcer sodomitement vn page, ce
qui sembla tant abominable au ieune enfant,
que retourné contre luy l'espée au poing, il le
tua: parquoy au mesme instant fut prins & con
duict deuant Marius & grandement accusé. Le
iuge diligemment informé du cas, feit assem-
bler la fleur de plus excellens de l'exercite, &
en public vitupera detestablemement le vice
de sodomie, puis ayant recité le fait, loua grandement le ieune enfant & le recompensa, disant qu'il auoit bien faict de vouloir plustost a-
uec le peril de sa vie soustenir son honneur, que
endurer honteusement telle vilannie. Que les
vicieux s'arrestent icy, & qu'ilz considerent
quel iugemét estoit obserué entre les soldatz in
fidelles, puis se contregardent s'ilz peuuent,
voyants entre les chrestiens. Les ieunes enfans
publicquement deuenir femmes. Nous auons
peu cognoistre par ce que dessus est dict, quelle
honnesteté & iustice estoit gardée es anciens
exercites, & voir auec quelle raison & combié
sainctemét ilz iustifioient leurs entreprises. Or
pour ce que nous auons dict que l'entreprinse
doit non seulement estre iuste, mais encores

faisable

faifable, & rapporter fin honorable, femblé
peult eftre qu'on deuroit ainfi faire, pour ce
que telle confideration feroit mife pour l'examen des forces & aptitudes de chafcun: def-
quelles chofes. La premiere fe cognoift par les
richeffes, amytiez, exercites, practiques, vail-
ans conducteurs, neceffaires victuailles,& finablement par les vnions & concordes ciuiles.
La feconde fe demonftre par les commoditez,
& incommoditez des payz, fituacions naturelles des foretereffes, difpofition des habitans, mu-
nition des iuftrumentz propres à la guerre, toutes remifes au bon confeil de ceulx qui font
prefens à examiner les cas qui arriuent chacun
iour diuerfement: & c'eft le propre de la fin-
guliere prudence des bons efpritz, qui meritoirement fe pourroit mieulx apliquer en autre en
droit qu'en l'adminiftration de la iuftice des armes. Quand la guerre eft efleuë, il fault auant
toute œuure entendre, pourquoy, & à quelle
fin on la veult faire, car il y a difference de com
batre pour la feigneurie & gloire de la victoire:
ou quand par hayne vn chacun s'efforce def-

Deux ma-
nieres de
batailles.

faire fon ennemy, & qu'on le faict pour demourer feul monarque en ce monde. Au premier chef eft pourfuyuie la gloire & le plus digne degré de viure, au fecond on combat capi-
tallement pour la vie de celuy qui doibt, ou ne
doibt eftre en terre. Les armes doiuent eftre
beaucoup moins cruelles en l'vne qu'en l'autre,
& l'art militaire y doit eftre differemment em-
ployé

ployé. Dedans noſtre cité y eut anciennement *Guelphes.*
entre les Guelphes & Gibelins des eſtranges ba *Gibelins.*
tailles, non pour donner, mais pour ruyner,
l'vn l'autre, & ſçauoir qui demoureroit en Italie. A ceſte cauſe telles guerres furent beaucoup plus cruëlles, que celles qui depuis ſe ſont
faictes contre les villes voyſines, pour ſçauoir
laquelle deuoit demourer la premiere & plus di
gne. Les cruelz Gibelins auec fraude & trahiſon, donnerent en Arbie vne ſuytte lachrima- *Arbie.*
ble & ſanglante, au peuple Florentin: parquoy enrichiz de fortune obtindrent la domination de leur ville, que depuis comme mortelz
ennemys ilz delibererent ruyner par feu & autrement iuſques aux fondementz, pour oſter &
faire perdre les noms & memoire de Florence, *Florence*
qu'ilz diſoient eſtre le repaire des Guelphes: car *vaincuē.*
on void certainement qu'ilz combatoient non *par les Gi*
pour les dominer, ains pour les dechaſſer. Mais *belins.*
Dieu qui pour plus grandz choſes la reſeruoit
à ſoy, pource qu'vn ſeul citoyen la deffendit
& ſauua au peuple aduenir. Et comme Fabius
Maximus demourant reſtitua la Republicque *F. Maxi-*
au peuple Romain: Ainſi Farinate auec magni *mus.*
fique louange defendit la ville & reſtitua la Re *Farinate*
publique au peuple Florentin. Ilz ont pluſieurs *defenſeur*
foys depuis combatu auec moindre cruaulté cō *de Florēce*
tre les Volterains, Piſtolois, & Aretins ſeule- *Volte-*
ment, pour diſcerner les armes au poing, à qui *rains.*
fortune reſerue la ſeigneurie: parquoy depuis *Piſtolois.*
vaincuz ont eſté preſeruez, & les Florentins cō- *Aretins.*
tans

tans seulement de retenir le tiltre de leur seigneurie. Pareillement entre les Romains y eut maintes guerres faictes auec moindre hayne, & seulement pour l'honneur de l'empire, entre lesquelles est memorable & digne pour plusieurs benefices receuz: la guerre du Roy Pirrus, lequel estans Emilius & Fabritius consulz en Rome, auec tresgrand exercite passa en Italie, & en diuers endroictz par la puissance de ses armes occupa maintes citez voisines de Rome: & à la fin par long temps tresestroictement opprima les Romains: estant son exercite posé à l'entour des murailles de la cité, & courant chacun iour iusques pres les portes d'icelles, en sorte qu'il auoit prins gros nombre d'entr'eulx, & retenoit prisonniers les plus apparens: pour la deliurance desquelz le senat auoit amassé grosse somme d'argent, qu'il enuoya solemnellement auec ambassadeurs deuers Pirrus. Le magnanime Roy respondit tresdignement en ceste maniere. Ie ne vous demande or, ny argent, ny ne veux point de voz rançons, car ie ne suis ycy venu pour estre marchant, ains pour discerner auec les armes au poing, à qui fortune dominatrice des choses humaines veut faire obtenir le royaulme. Experimentons auecques noz forces ce qui luy plaira faire de nous: car ie pardõneray à ceulx à qui la fortune de bataille par donner a. Allez, & les emmenez, car ilz vous sont donnez & deliurez en pur don, au nom du Dieu eternel. Sentence vrayement memorable

Pirrus Roy. Emilius Fabritius consulx.

Rome assiegée.

Responce de Pirrus.

rable, digne d'vn grand cœur, & de seigneur tresvertueux. A laquelle les Romains voulurent correspondre, demonstrans liberalement desirer eux deffendre auec vertu, & se ne sauuer par fraulde, laquelle n'estoit permise auec l'ennemy capital. Au mesme temps vn gouuerneur de Pirrus alla secrettement vers les consulz Romains, & leur promist donner, & deliurer Pirrus mort, s'ilz luy vouloiét accorder recompense condigne. Les consulz le renuoyerent, disans ne vouloir aucunement vser de trahyson: & manderent secrettement à Pirrus lectres de ceste teneur.

Nous faisons quelquesfoys la guerre pour les iniures receuës, & aufsi par la commocion de noz inimytiez: mais si voulons nous auec courage genereux nous efforcer continuellement de combatre auec toy, cherchans tousiours de donner bon exemple de nostre foy: parquoy nous desirons que tu sois sauué, à fin que vn de ta qualité soit par nous glorieusement vaincu a- *Nitius tra* uec les armes. A ceste cause nous t'aduertissons *histre.* que Nitius ton gouuerneur a cy esté, & demandant prix & recompense pour t'occir en trahison, nous luy auons tous refusé ny voulu consentir, à ta mort: à fin qu'il n'espere recompense de si grand mal: d'auantage nous a semblé honneste t'en aduertir, à ce que auenant telle chose les citez noz voisines ne l'estiment faict de nostre consentement, qui grandement nous seroit moleste, aufsi ne voulons nous guerroyer

par

par fraulde, recompence, ou vituperable tromperie:& fois aduerty que fi ne te gardes tu mour
ras bien toſt. Ilz vſerent ſouuent de telle liberalité, voulans pluſtoſt ſe gouuerner iuſtement
en tous leurs faictz que vaincre ſans vertu. Au

Camile cō-
ſul.
Faliſques.
temps de Camile conſul ilz tenoient treſeſtroi-
ctement aſſiegez les Faliſques, & dedans leur vil
le eſtoit vn maiſtre qui auoit pour diſciples
leurs principaux enfans. Ceſtuy penſant acquerir groſſes recompenſes, eſleut les plus nobles

Trahiſon
d'vn mai-
ſtre d'eſ-
colle.
de tous, & faignant de les vouloir esbatre hors
la porte, les mena au camp des Romains, qui les
prindrent, & cogneurent bien que les peres
pour r'auoir leurs enfans ſe mettroient volontiers ſoubz leur obeïſſance: ce neantmoins le

Iuſte ſen-
tence du
ſenat.
cas examiné en plein ſenat, ilz delibererent que
les enfans remeneroient leur maiſtre nud & le
feſſant de verges. Laquelle ſentence ainſi exe-
cutée, & les Faliſques, pour ce conuenuz à beneuolence, ne pouuans au parauant eſtre vaincuz par armes, pour ceſte ſeul ocaſion ouuirēt
les portes, & ſe mirent liberallement en l'obeïſſance des Romains. Les Romains auoient en
faict de guerre le courage ſi grand, & ſe gouuer
noient auec ſi admirable audace d'eſprit, que
Annibal leur treſpuiſſant ennemy diſoit n'a-

Doubte de
Annibal.
uoir doubte de la puiſſance Romaine, mais ſe
eſtonner en tout de leur admirable hardieſſe,
laquelle en diuers lieux il auoit cogneuë plus
grande qu'on ne pourroit croire: meſmement
diſoit ſe ſouuenir que au tēps de Paulus & Bar-
ſon

son consulz ayant prins huict mil de leurs gens & les voulant rendre pour bien petite rançon, le Senat determina ne les rachapter, disans que ilz vouloient que leurs exercites eussent ferme courage de vaincre, ou bien mourir honorablement pour la patrie. Le plus excellent exemple de ce monde sont les artz & choses approuuées des anciennes guerres faites par les trespuissans empires & vertueux conducteurs d'iceux: lesquelles deburoient estre suyuies auec toute industrie par ceulx qui desirent sur tout acquerir renommée. Apres que les guerres seront commencées, & l'election des exercites faicte, le diligent capitaine considerera & regardera tout ce qui peut succeder en chacune des choses necessaires, veillera, se tiendra sur sa garde, aguisera son esprit, & sera cault: considerera la sentence d'Homere, disant n'estre conuenable à l'homme prudent de dormir toute la nuyct, ne demeurera oisif, mesmes quand il a le gouuernement des exercites & choses grandes. Il cognoistra aussi que le bien vniuersel de plusieurs luy est commis: considerera bien les perilz, & ne s'y soubzmettra sans occasion bien examinée. La necessité mise hors, nulle occasion ne doit estre si bonne que pour icelle il doiue se soubzmettre au danger de fortune variable, sinon au cas que le bié que lon y pourroit acquerir fust beaucoup plus grand que le dommage qu'on pourroit en encourir en perdát. Toutesfois ne soit aucun si temeraire, ny de peu de courage,

Exemple.

Quelles solicitudes doit auoir le capitaine d'vn exercite. Homere.

rage, que pour euiter le moindre peril, il encoure le plusgrand par lequel le dommage se augmente, & soit plus grief à supporter: ains en cela soit suyuie la coustume des excellens medecins, qui guarissent legerement les petites maladies,& aux infirmitez mortelles souuētesfoys sont contrainctz vser de ferrementz & feu, ou auec dangereuses medecines, on doubte suruenir le patient. Ce seroit chose cruelle & brutale d'aller à l'aduenture & sans conseil es batailles & poursuyure les ennemys: mais quand l'opportunité & l'aduantage le requierent, alors se doibuent assaillir les ennemys & virilement cōbatre contre eulx. Lors que la mer est tranquille nul ne doibt desirer la tempeste: mais quand elle aduiendra, si on administre bien les opportunitez, & que lon subuienne vaillamment au besoing, c'est le propre office d'homme experimenté: & si toutesfoys la necesité contraignoit, la mort doibt plustost estre esleuë, que vitupere & miserable seruitude. Quant à suyure & se soubz mettre aux perilz lon doit cautement considerer s'ilz sont vniuerselz à la Republicque ou particuliere à celuy qui les entreprend. Quiconques abandonne l'vtilité, vniuerselle pour sauluer le peril particulier merite peine & hayne publicque. Que chacun dōc soit prompt aux incommoditez particulieres, & se soubz mecte à tout propre peril, s'il cognoist qu'il en doiue proceder bien commun & vtilité vniuerselle à sa Republicque. Mais s'il cognoist

Assaulx d'ennemys ne se doiuent estre sans conseil.

L'vtilité commune doit estre preferée au peril particulier.

le dom-

le dōmage public qu'il garde bien de s'y souz-
mettre sinon qu'il y fut fort contraint encores
qu'il se presentast deuant ses yeux vne certaine
vtilité particuliere. L'honneur, l'vtilité, & la
gloire publicque ne doit estre postposée aux
commoditez priuées, ny iamais ne pourroit profiter, ce qui seruant à peu de gens sera vniuersellement nuysible au commun de la ville.
Plusieurs sont renommez pour auoir mesprisé
non seulement les richesses, mais aussi les exilz
leur sang & leur vie propre pour deffendre leur
patrie. La pieté de la patrie incita Oratius Co- *Oratius*
cles tresexcellent citoyen Romain à soustenir *Cocles.*
toute la fureur des puissans ennemys, tant que
par derriere luy le pont fut tranché, desirant
plustost demourer entre les espées, que veoir sa
ville ocupée par les Barbares & estrangers. Pour
ceste pieté ciuile Curius se presenta courageu- *Curius.*
sement à cruëlle mort, esperant, pour ce moyen
deliurer le peuple Romain, cōme leurs dieux l'a-
uoient predit. Le tresrenōmé Guetius estāt hors *Guetius*
de Rome, luy fut reuelé par les dieux que re- *Romain.*
tournāt à Rome l'empire luy en seroit deliuré.
Mais il delibera iamais ny retourner à fin que
elle ne luy fust soubmise en proprieté, pour ce
qu'il cognoissoit en elle l'honneur de toute autre Republicque. Numa Pompilius estant esleu *Numa Pō-*
Roy des Romains ne voulut accepter la domina- *pilius.*
tion, si premierement les oracles n'estoient enquis la dessus, à fin que par la faulte des hommes ne fust esleu vn Roy inutile au peuple.

K   Codrus

Codrus. Athenien. Codrus Athenien oyāt par la responce du dieu Apollo qu'en sa mort estoit le salut des guerres de la patrie, estant, desguisé se fist occir par les ennemys, laissant la victoire aux siens. Dans *Vierre de Sercle.* nostre ville entre les renommez dure la memoire de Vierre de Sercle Chevalier, lequel estant à la guerre en Cāpaldin, & voyant les ennemys rengez pour combatre, & que nul des siens se vouloit mettre au premier rang, tant pour offencer l'ennemy, que deffendre la Republique, appella son filz & vn sien nepueu, & criant que qui vouldroit secourir la patrie le suyuist, se fourra au milieu des ennemys se mettant en peril de trescruelle mort, ou suiuy de plusieurs autres plustost meuz de honte que de courageuse hardiesse, obtint vne singuliere & honorable victoire, à la gloire & triumphe des Florentins. Les histoires Grecques, Latines, & Hebraïques sont pleines d'exemples, monstrans combien les nobles citoyens mesprisoiēt le propre bien pour le salut de la Republicque dont ilz ont este recommandez auec grand gloire, & faictz immortelz en ce monde, par eternelle renommée. Les Fabiens, les Torquatz, les Deciens, les Marcelins, les Oratiens, les Portiens, les Catoniens, & ces singuliers lueurs des Scipions, Corneliens, & plusieurs familles Romaines, lesquelles auecques genereux courages n'auoient autre volonté que le salut de la Republicque auec son augmentation, pour laquelle ilz enduroient le plus souuent

peines

peines multipliées, trauaux, incommoditez, perilz, playes, & mortz trescruelles, & si chaude-
ment estoient esmeuz à la conseruation & augmentation de la Republicque, qu'ilz suppor-
toient en guerre tout malaisé & autre extreme
ennuy, & par continuel vsage depuis leur ieunesse s'accoustumoient à cela. En leur ieune a-
ge les delices & paillardises n'estoient par eulx
suyuies, ny les delicatz & sumptueux banquetz,
ains les armes esprouuées, cheuaulx belliqueux
& ornemens militaires estoient le desir de la ieu
nesse Romaine: auec lesquelles souz la discipline de cheualiers experz ilz s'efforçoient de deuenir maistres. Cela estoit cause que puis apres
les œuures penibles ne leur estoient estranges,
ny les lieux inusitez, ne aspres & dificiles: ilz ne
se trouuoient craintifz ny effrayez de veoir les
exercites des ennemys, ains par experience de
telles choses ilz auoient dompté leurs courages
vertueux. Toute leur gloire & honneur estoit
à qui plus excellemment feroit son debuoir, &
sur les autres se rendroit apparent en vertu. Et
pour ce chacun appetoit d'assaillir les ennemys
les combatre courageusement, monter sur les
murailles, vaincre les lieux fortz, & y estre veuz
pendant que telles choses se faisoient. Et estimans que la bonne renommée est la vraye noblesse, & aussi les vrayes richesses, ilz estoient
cupides de dignes louages richesses temperées,
& tresgrand gloire. Incessamment chacun s'ef-
forçeroit faire beaucoup, & peu dire de soy, ains

K ii   lais-

laisser louer ses faictz aux autres, toute amytié estoit entre eux, & toute particularité escartée de tous: la raison, le deuoir, & tout bien estoit obserué par eux plustost par naturelle vertu que pour la crainte des loix. Toutes leurs questions diuisions & querelles estoient contre leurs ennemys: les citoyens contendoient seulement pour la vertu, estoient temperez en leurs viures, fidelles aux amys, pitoyables & fort amplement magnifiques es venerables ceremonies de la culture des dieux. Voilà comment ilz se trouuoiét consômez en toutes bonnes meurs, tãt en la ville que dehors & iusqu'à surmonter victorieusement par armes, les autres puissances & natiõs:& à la fin ilz amplifierent si amplemét leur empire, qu'ilz souz mirét à leur obeïssance la plusgrand part des mers nauigables, & quasi toute la terre habitée. Au moyẽ de quoy ilz imposerét à tout le môde les loix qui depuis ont tousiours duré & durent côme sainctement aprouuées par toutes generations. La foy qu'en ce temps là ilz obseruoient à leurs ennemys, est admirable comme on le peut cognoistre par l'exemple de Marcus Regulus, lequel prins en la premiere guerre que les Carthaginiens eurent contre le Peuple Romain, fut enuoyé ambassadeur à Rome pour eschãger les prisonniers, & s'obligea souz sa foy de retourner, au cas que la permutation à luy commise ne sortist effect. Mais luy entendant que les Romains auoient beaucoup plus de ieunes hômes gaillardz & propres à la guer-

Marcus Regulus

re que n'auoient les ennemys, & venu à Rome diſſuada l'eſchange le plus qu'il luy fut poſsible, & conſeilla que les hommes ſi propres à la guerre ne fuſſent renduz aux Carthaginiens puis conſeillé de ſes parens de ne retourner es mains des ennemys, ny voulut conſentir, ains pluſtoſt ſe preparer au ſupplice, que faillir à ſon ſerment & promeſſe: laquelle gardée en tel cas auec pluſieurs autres vertuz le rendent meritoirement celebré. Auſsi ſainct Auguſtin au liure de la cité de Dieu eſcript de luy ces parolles. Entre tous les hommes louables & honorez de luy ſates & notables vertuz les Romains n'en ont point de meilleur que Marc Regule, qui pour aucune felicité ne fut onques corrompu, & en treſgrand victoire demoura pauure, & ſi l'infelicité, qui luy eſtoit preparée, ny le tourment qu'il veoit, ne le peut deſmouuoir. Non ſeulement les Romains eſtoient diſpoſez en particulier à obſeruer la foy aux ennemys, mais encores le ſenat contraignoit à faire le ſemblable. Car en la ſeconde guerre des Carthaginiés Annibal voulant commuer & eſchanger les priſonniers, & ayant pris dix Romains les enuoya ſur leur foy à fin que s'ilz n'impetroiét la deliurance de ſes priſonniers par eſchange, en ce cas ilz retourneroient en ſa puiſſance. Or ne pouuans impetrer du ſenat ce qu'ilz demandoient, neuf d'entre eulx retournerent, l'autre diſoit n'eſtre obligé à retourner, pour ce que apres qu'ilz furent departiz, pour faire leur legacion,

S. Auguſt.

Annibal

K iii

gacion, estoit retourné au camp d'Annibal, comme s'il eust oublié aucune chose. Le senat veu la peruerse cautelle, commanda qu'il fust estroictement lyé, & remené à Annibal, disant que la fraulde contrainct & ne dissoult point le serment. Auec ces vertuz dessus declarées, ilz obtindrent souuentesfois de tressingulieres victoires, esquelles se racompte pour chose admirable, que iamais en ce premier temps de la Republicque pour aucune prosperité ne se desuoyerent du vray ordre de bien & iustement viure: ny iamais cest ordre ne se conuertit en aucun acte superbe, ainsi qu'en la prospere fortune le plussouuent l'arrogance de l'esprit humain, s'acoustume de faire. Ilz chercherent tousiours d'augmenter & conseruer leur empire plustost par benefices, que par crainte. Aussi le plussouuentilz oublioyét les iniures qu'ilz ne les poursuyuoient, disans que la seigneurie se retient & conserue par les mesmes moyens qu'elle fut acquise du commencement, & que la deffence du Royaume, ne consistoit point au nōbre de sobgectz qu'on retient par force: ains en la vertu des amys qui obeissent par amour & par foy. En toutes leurs prosperitez ilz euiterent tousiours orgueil & arrogance, sans monstrer vne seule legereté. Ilz gardoient bon moyen en toute fortune, estoient pitoyables, misericordieux, & esgallement temperez & iustes, comme furent en Rome Caius Lelius, & Scipion: Et en Macedoine, Philippe Roy, lequel comme recite

Les amys & non les subiectz maintiennent les seigneuries. C. Lelius. Scipion. Philippe Roy de Macedoine.

cite Ciceron, fut en gloire & singuliers faictz d'armes, surmonté par son filz Alexandre: mais en humanité, clemence, & benignité Philippes fut le premier: tellement qu'il a tousiours esté en bonne reputacion, & au contraire Alexandre souuent vituperable. Pour ceste cause l'admōnestement de ceux qui dient, quant plus nous serons constituez en grande dignité, tant plus deuons nous demõstrer temperez: pource que tant plus celuy qui fait faute est grãd & cogneu, tant plus l'erreur est public & renommé. Suyuant doncques les enseignemens & louables exemples par eulx donnez, nous debuons apres la victoire garder ceux qui en la bataille n'ont esté cruelz ennemys. Ceux qui par force ont esté vaincuz doiuent estre iugez d'vne sorte: & ceux qui apres auoir laissé les armes se sont mis entre les mains des victorieux d'vne autre. La deffence de soy est naturelle à chacun: toutesfoys les hommes doiuent vser de moyen en tous leurs faictz. Et pource la pertinacité de celuy qui obstinéement se deffend (offençãt trop cruëllement) merite estre punye: & quelquefoys vne vengeance cruëlle est cause d'vne bonne vie. Celuy qui veult recourir à la foy de son ennemy doit tousiours estre accepté, biē qu'il se soit deffendu courageusement & en grand hardiesse. Le courage bien ferme de nature doibt virilement combatre pour vaincre quand il est conuenable: toutesfoys si fortune le surmonte, & il demeure vaincu, il doit prendre patience.

Alexãdre Ciceron.

K iiii Les

Les anciés Romains y perseuerent auec si grande iustice, que tous ceux qui se rendoient soubz leur foy, estoient non seulemét conseruez, mais aussieux comme peres les deffendoiét en toutes choses, & bien souuét les receuoiét en leur propre ville, & estoient honorez par eux, comme citoyens en la Republicque. Ainsi les Romains accepterent plusieurs voisins, comme les Volsques, Tusculans & Sabins, & en Florence anciennement furent acceptez les Fiesolans, & long temps apres les habitans du chasteau de Fegine estans tresestroictement assiegez se donnerent entre les mains des Florentins, & liberallement recoururent à leur foy: au moyen de quoy ilz furent par eulx benignement receuz & acceptez pour vrays citoyens, & au gouuernement de la Republicque faictz participans de tous les magistratz. Lon ne peut estre trop tardif à punir asprement, ne pareillement ne doit estre reputée longue la consideration employée à examiner la deffaicte & ruyne des subiectz. A deffaire & mettre à sac les citez, est requis tresgrand examen, à fin que par inaduertence ne soit commise quelque impieté digne de hayne & de reprehension. Au temps que Rhodes florissoit, Demetrius puissant & belliqueux prince, & sur tous autres expert à inuenter engins & instrumentz pour offencer les ennemys, assiegea tresestroictement leur principale ville, & entre autres dommages ordonna de desmollir, & mettre à feu certains edifices publicques d'ex-

Volsques.
Tusculans.
Sabins.
Fiesolans.

Rhodes.
Demetrius

gardes

cellente beauté, qui neantmoins estoient peu
gardez estans hors les murailles de la ville: entre
lesquelz estoit vn temple dans lequel y auoit *Prothoge-*
vne ymage faicte par Prothogenes painctre tres- *nes pain-*
singulier qui estoit si excelente que de tous en- *ctre.*
droictz les maistres de telle art venoient pour
veoir la singularité de l'œuure. Parquoy Demetrius meu d'enuye pensoit de defaire plus *Responce*
cruëllement le temple. Parquoy les Rhodiens *des Rho-*
luy enuoyerent ambassadeurs qui luy dirent en *diens.*
ceste maniere. Quelle raison te peut esmouuoir
Demetrius, à perdre & deffaire vne ymage tant
celebrée: car si tu es victorieux la ville & l'ymage te demeureront en proye, auecques ta gloire: si au contraire tu ne peux nous vaincre, nous
te prions considerer si ce ne te sera pas iniure,
n'ayant peu vaincre les Rhodiens, qu'ayes dres-
sé tes armes contre Prothogenes painctre mort.
Ceste remonstrance fut trouuée si bonne par
Demetrius qu'il pardonna aux Rhodiens & à
leur ymage. Apres que les guerres & haultes
emprinses sont finies, les hommes vertueux doi
uent punir les aucteurs, conseruant tousiours
diligemment la multitude, & tenant ferme en
pensée que misericorde, mansuetude & consta
ce en toute grauité d'estat doiuent estre moderément retenuës. Or vous sufise iusques icy d'a-
uoir entendu comme on se doibt gouuerner en
guerre. Apres lequel traicté, il est decent & cõ
nenable dresser nostre discours au iuste gouuer
nemẽt de la Republicque. FRANC. Il sera bien

conue-

conuenable de traicter de ceste matiere, à fin qu'ayant entendu la forme d'exercer les armes aux champs nous sachiõs encores les iustes gouuernemens de ceux qui tiennent les offices & magistratz dans les villes: pour ce que les armes de dehors seruiroient peu, sans le bon conseil de ceux qui gouuernent en la ville. ANGE.

Tout homme constitué en magistrat. Tout citoyen mis en quelque magistrat, representant vn membre principal de l'estat ciuil, doit entendre sur tout n'estre personne priuée, ains representer l'vniuerselle personne de la ville, & estre faict vne Republicque animée. Doit cognoistre la publicque dignité estre en luy cõmise, & le bien commun mis entre ses mains parquoy en telle chose doit desirer le diuin ayde, & deuotement demande graces à Dieu, esperant de luy recompense de son bien faict & conseruation de la ciuile multitude. Estant en tel propos il tiendra en son cœur deux tresnotables enseignemens de *Platon.* Platon le plus excellẽt de tous les Philosophes, recitez par Ciceron, disant en ceste maniere. Ceux qui voudrõt faire bien à la Repub. sur tout retiẽnent deux tresexcellens enseignemens de Platon: l'vn, qu'ilz defendent le profit des citoyens, en sorte que ce qu'ilz feront y soit referé, oubliant leur propre cõmodité: L'autre qu'ilz conseruẽt tout le corps de la Republicque, en maniere que deffendant vne partie les autres ne soient abandonnées. La Republicque est ainsi comme vne tutelle, en laquelle on doit regarder non à l'vtilité de ceux

qui

qui gouuernēt, mais de ceux qui sont gouuuernez. Il est fort dificile de se biē gouuerner en vne tutelle. Et il auient que peu d'hommes sont bōs gouuerneurs de Republicque: pour ce que estans enclins au bien propre il est difficile de se oublier. Pour conseruer autruy? Pour ceste cause est fort notable ce que disoit le Philosophe Biant, assauoir: L'office demonstre l'homme vertueux qui s'y entend: car en l'office l'hōme doit faire ce qui est vtile aux autres, & celuy qui s'exercite vertueusemēt non pour soy mais pour autruy doit estre estimé; & au contraire qui faict mal non pour soy, mais pour les autres est vituperable. L'estat de toute Republicque se mect en l'vnion ciuile, pour laquelle conseruer est necessaire maintenir en egalle raison la cōpagnie noble & bourgeoyse aussi qui se desuoye de ce moyen, & pourueoit au salut de quelques citoyens particuliers abandonnant les autres, seme en la ville discordz & grandz scandales: au moyen de quoy entre les citoyens souuent diuisez sourdent diuisions & guerres interieures: & combien que aucunesfoys les richesses & puissances des villes, supportēt pour quelque temps telles opressions, ce neātmoins la fin engendre bannissemens, rebellions, seruitudes & dernieres ruynes. Et cōme vn corps sain, puissant, & bien disposé pour quelque tēps supporte plusieurs desordres à cause que nature puissante supporte les fardeaux qu'on luy dōne: neantmoins vaincuē par le trop, & ne pouuans

Prouerbe de Biant philosoph.

uant resister, il tumbe en infirmité qui le purge
& si par l'aduenir ne se corrige il retumbe à la
mort. Ainsi les puissantes citez supportent par
quelques iours les gouuernemés desordonnez,
mais il est besoin qu'en brief téps elles soiét pur
gées: & si elles sont mal reformées, elles retum-
Thebeins. bent, & quand le desordre est trop grand elles
Lacede- se ruynent en mort cruëlle. Pour ces causes les
moniens. Thebeins, Lacedemoniens, Atheniens, & tou-
Atheniés. tes les autres villes de Grece, vindrent en sedi-
tion & grandz differendz, qui leur firent dresser les armes contre eux mesmes: tellement que
s'entreruynans ainsi, iamais ne s'apperceurent
qu'en diminuant & debilitant leurs forces tou
tes ensemble perissoient, sinon quand Philippe Roy de Macedoine qui continuëllement
veilloit leur ruyne, sortit de guet à pensée, & en
vn mesme téps soubmeit à soy la liberté d'elles
toutes, qui desia estoiét debiles & recreuës. L'Em
pire de Rome, qui estoit si grãd, qu'il ne s'en est
point veu de plus excellét ny plus illustre a esté,
seulement par les guerres ciuiles conduit en ex
tremes aflictions & miseres : & ceux qui auoiét
dompte la mer & la terre, & qui ne pouuoient
estre surmontez par autres puissances quand ilz
vindrent à dresser les armes ciuiles contre eux
mesmes, furent vaincuz de leurs propres forces,
& finalement conduictz à telle extremité, que
ceste ville qui auoit accoustumé d'estre la crainte & terreur du monde a esté plusieurs foys surmontée, & mise à sac par puissances abie-
ctes.

ctes, Il seroit peult estre meilleur se taire, que racompter les aflictions & miseres suruenuës à nostre ville pour les diuisions & querelles ciuiles: mais pour se garder des maulx à venir, il est tousiours vtile retenir en memoire les miseres passées. Ie laisse plusieurs villes voisines qui pour les diuisions sont serues ou miserablement ruynées: mais ie ne sçaurois sans larmes me souuenir que les espritz & naturelles forces des Florentins sont si bien disposées de Dieu à toutes choses excellétes, que si les dissentions & guerres ciuiles ne les eussent appliquées dans la cité mesmes en leurs propres dommages, certes ilz estoient suffisans à eslargir leur seigneurie non seulement en Italie, ains hors icelle & iusques sur les generations estranges. Mais la detestable & cruëlle diuision des Guelphes & Gibelins fut celle qui anciennement ruyna le peuple pour lors florissant en toute excellence. C'est chose pitoyable se souuenir des bons citoyens, qui en grand aigreur furent abatuz par les superbes malheureux & meschans, & aussi comme les vefues & pauures orphelins furent taillez en pieces par les affamez & bestiaux ennemys: & encores voir les pudicques vierges honteusement corrompuës en la presence de leurs meres. Quelle plus grande impieté que de butiner sacager & violer les temples & sacrez aultez par ces larrons insatiables. Mais sur tout sont trespitoyables les playes, les effusions de sang, les ruynes & publicques deffaictes de grãde

de multitude de citoyens, données & receuës en l'obstination de deux parties si ennemyes, qui non contentes de ce qu'elles mesmes pouuoient, prouocquerent les puissances externes des Empereurs & Roys quasi des dernieres parties du monde, & les feirent venir pour leur deffence en ces parties d'Italie, desirans plustost seruir aux Barbares & effrenées generations que viure en la propre ville, en laquelle ilz pouuoient gouuerner leurs mesmes citoyens. Ceste detestable & tresdiuerse inimytié desia cessée, & cõposée auec la meilleure partie, la ville gouuernée par les Guelphes se repoulsoit & augmentatoit sur toutes aultres voisines, mais de Pistrie fut enuoyé vne tresmauuaise semēce des blācz & noirs. Celà fut commencement de non moindre despitée & brutale ferocité, laquelle dure encores nuysible quasi iusques à l'extreme consumation. Ce sont les deux diuisions qui ont faict plusieurs dommages & perilz au peuple Florentin. Et certes si les faictz excellentz & glorieuses œuures des armes virilement conduictes se fussent dressées contre les natiõs contraires & ennemyes, on peut croire sans doubte, que toute autre generation eust esté suppeditée par eux. Mais les destinées disposées autrement le veullent ainsi: parquoy eux mesmes se soubmirent souuentesfois en peril: eux mesmes mirent à mort grand nombre de peuple, & ruynerent grande partie de la contrée. La ville fut bruslée en diuers endroictz & par plusieurs foys

Origine des blācz & noirs en Florēce.

& peu

DE LA VIE CIVILE. 80

& peu s'en fallut qu'elle ne fust du tout desolée & gastée: La liberté, l'estat, & la publicque maiesté se soubmirent, & pour leur refuge donnerent leur seigneurie aux autres. Comme quand ilz accepterent en Florence Charles de Valois de la maison de France. Et lors qu'ilz donnerent la seigneurie à Robert Roy de Sicile: & apres luy a son filz : puis quand la tyrannie fut occupée en Florence par Gaultier, qui à tiltre faux se disoit duc d'Athenes. Telz inconueniens n'eurent oncques leur origine sinon des diuisiōs ciuiles, qui ont tousiours deffaict, & pour l'aduenir defferont toute Republicque. Il ny a que les iniustes gouuerneurs qui soient occasiō des discours, dissensions & seditions ciuiles. Que ceux donc qui possedent la doulce liberté y prennent exemple, & aprennent des ruynes d'autruy à resister & reparer les leurs propres: administrent raisonnablement à chacun priué ce qui luy appartient, & en public conseruent toute ciuile compagnie, à fin que la citoyenne concorde & la bourgeoise s'en ensuyuent en quoy selon les tresapprouuez Philosophes consiste la vraye force & principal establissement du viure Politicque. Iusques icy nous auons premierement parlé de Iustice, & de son commencement, & quelles sont ses parties: puis auons adiousté comme hors les villes es batailles, & dās les murs & gouuernemens ciuilz, elle se doibt conuenablement administrer. Maintenāt nous suyurons vne autre partie de Iustice contenuë

Charles de Valois.
Robert Roy de Sicile.
Gaultier duc d'Athenes.
Diuisions ciuiles.

en

en la dispositiõ des commoditez humaines, entre les mortelz. Premierement elle confere les honneurs esgallement & en public, & auec semblable conuenance nomme les necessitez de la patrie & diuise par mesure l'vtilité d'icelle ainsi qu'il est besoing. Elle fait, liberallement benefice en priué, & depart benignement ses propres facultez, les mesurant auec vraye reigle de vertu distributiue. Les honneurs publicz doiuent estre distribuez, selõ la dignité de chacun. Il est bien dificile en vne Republicque de prouuer en qui la dignité est plus grande, pource que à cause d'icelle s'esmeut diuerse dissention entre le peuple. Les nobles & puissants dient les dignitez estre posées es abondantes facultez, & es familles genereuses & anticques: Le populaire dit que c'est en l'humanité & benigne conuersation de la vie libere & pacifique: les sages dient en la vertu operatiue. Ceulx qui en la ville ont auctorité de distribuer les honneurs suyuant le plus aprouué cõseil les conferent tousiours aux plus vertueux: pource qu'estans tenuz de correspõdre par iceux aux dignitez rien ne sera plus digne entre les hommes que la vertu de celuy qui s'exercite pour le bien public. Celuy qui cherche sa gloire en la vertu seulement de ses ancestres, se despouille du merite d'honneur: & certes cestuy là est miserable qui consume la renommée de ses predecesseurs. Celuy qui merite honneur doit donner exemple de soy non pas des siens qui meritent honneur

pre

preposant tousiours la noblesse, quand ilz sont de pareille vertu. Les sages anciens qui entendirent les empires, esleuerent maintesfoys les estrangers & gés d'art mecaniques aux premiers gouuernemens, quand ilz cognoissoient en eux quelques excellences de vertu. Anciennement aussi les Romains postposant tous leurs citoyés à la iustice de Numa Pompilius Sabin, l'esleurent plustost pour leur Roy (encores qu'il fust estranger) que nul de leur citoyens, & luy obeyrent volontairement en paix & bonne reputation du royaulme, par l'espace de quarante trois ans. Apres luy Tulius Hostilius esleut en son ieune aage à la garde des brebis, puis estant cogneu en combatant victorieusement contre les Sabins fut esleu Roy, & gouuerna en sorte que en sa ieunesse il augmenta l'empire de moityé, puis en l'aage vieil aorné de gloire il retint auec grand honneur l'imperialle maiesté de l'estat Romain. Varron exerceant le mestier de boucherie en Rome, fut esleu consul, pour sa vertu acquerant tresgrande renommée. Mais en laissant les exemples Romains, quelle vertu se peult appeller plus singuliere que celle de Miguit serf? la discipline & bon gouuernement, duquel est memorable, mais la magnanimité qu'il obserua en refusant la seigneurie est en tout admirable. Anaxial seigneur de Rege delaissant en l'extremité de sa vie plusieurs petitz enfans, fut content de remettre le gouvernement tant de la seigneurie que de ses enfans à

Numa Pōpilius.

Tulius hostilius roy des Roma

Miguit serf.

Anaxial seigneur de Rege.

L   Miguit

Miguit son seruiteur lequel accepta fidellemét la tutelle, & en la gouuernant iustement maintint l'empire auec si grande clemence que les citoyens se reputoiét bien heureux d'estre gouuernez par vn tel serf: Puis les enfans deuenuz en aage parfaict, leur rendit auec la beneuolence des subiectz les biens paternelz, & la seigneurie, retenant pour son viure bien peu de chose, auec lesquelles il s'en alla en Grece, ou pacifiquement enuieilly passa sa vie, estant estimé sur tous les autres serfz. Que nul ne soit donc scandalisé pour estre gouuerné par les vertueux, encor qu'ilz soient de race incogneuë & en bas estat: Plusieurs se sont renduz immortelz par vertu & renommée, les peres desquelz durant leur vie estoient incogneuz. Durant la vie de Homere, on ne sceut d'ou, ny de quelz parens il estoit, & neantmoins a tousiours tenu le camp de l'eloquence poëticque. Demosthene ne cogneut oncques son pere, & toutesfoys les Atheniens l'estimerent tant es necessitez publicques que esleu en ce besoing par la patrie fut enuoyé pour orateur deuers Philippes Roy de Macedoine. Et les Milesiens venuz en Athenes pour leurs affaires publicques, estimerent plus l'auctorité & eloquence de Demosthene que tout le reste du peuple. Solon yssu de race innoble, aporta à sa Republique plus grande vtilité que nul autre, & auecques la sanctimonie de ses loix ciuiles enrichit Athenes de tres-singuliere renommée & de iustice. Dont les Ro-

Homere.
Demosth.

Milesiens.

Solon legislateur.

DE LA VIE CIVILE. 82

Romains ayans pris l'origine de leurs loix, ont donné à tout le monde ordre de bien viure. Il seroit trop long à compter le nombre de ceulx qui nez de bas estat ont tenu par leur seule vertu les grandes dignitez, & tresbien soustenu les Republicques. Marius citoyen de bien basse condition, obtint plusieurs batailles pour le peuple Romain: augmenta l'empire auec armes fortunées, & s'honora de beaucoup de dignes magistratz pour la seule louange de ses faictz excellentz. Ciceron né en vn petit vilage, bien que de race honneste, fut aux Romains necessaire & vtile en plusieurs exercices priuez & publicz: & estant consul estonna si fort l'audace de Catilina, que toute la liberté de la patrie en fut par luy conseruée. Or apres auoir cogneu la dignité estre mise en la vertu, & selon icelle debuoir distribuer les honneurs, il reste à monstrer en quoy & comment doibuent estre distribuez les deniers publicz. Tous les sages sont d'vne opinion que quand on veult distribuer les reuenuz de la ville il est raisonnable les deliurer à chacun selõ qu'à la necessité ilz en ont secouru la Republicque. Si les richesses superabondoient apres que lon auroit rendu à chacun particulierement ce qu'il aura presté, on ne doit les accumuler en monceaulx mortz, là ou l'vtilité ny la beauté ny sont veuës. Il faut aussi que la ville soit garnye & munye de deniers, & les ordonner à faire quelque chose singuliere pour la magnificence & vtilité des commoditez com-

Marius.

Cicerõ né en arpine.

Cõment se doiuent distribuer les deniers publics.

L ii munes

munes, en quoy les espritz, les artz, & toute force humaine soit exercée le plus qu'il sera possible, & selon les vertuz, ouurages faictz, ou faueurs prestées, les deniers soient distribuez à chascun en particulier, auec raison & mesure, par maniere de recompense. Car croyez que ces distributions de deniers, se font beaucoup plus volontairement apres le merite qu'auparauant. Or pour vous dire verité, la cueillette de deniers qui se prennent sur les citoyens, en cas de necessité, merite la consideration de iustice,

Comment se doiuent recueillir les emprûs sçauoir est de regarder la faulte de chascun, & se mesurer selon icelle. Et toutesfoys il est impossible en cest endroict de suyure l'ordre de la vraye iustice, pour ce que les priuez couuertz & suportez, ne donnent la iuste reigle au distributeur. Celuy qui aura le gouuernement d'vne administration ciuile, se retirera tousiours aux deux principalles commoditez: l'vne, que nul n'y soit offencé: l'autre, qu'il se contregarde à la commune vtilité de tout le corps public. Si est il impossible en ceste matiere de paruenir au but de la verité, toutesfoys on doit chercher auec toute diligence, la voye moins foruoyable: car l'vnion ciuile, c'est l'vne des principalles parties seruans à sa conseruation, pour ce que la diuision des honneurs luy est bien souuent fort differente, veu qu'il est quelquefoys conuenable de faire plus d'hôneur à celuy qui paye le moins d'argent.

Quant à la conferacion des honneurs, nous
en

DE LA VIE CIVILE. 83

en auons cy deuant parlé. Pour leuer emprunt de deniers, lon doibt confiderer que les hommes ont trois efpeces de biens: Les premiers font de l'efprit, les secondz du corps, & les autres de fortune. Les biens de l'efprit procedent des vertuz venans de nature ou par art, & de toutes les fciences, par lefquelles vn homme precede l'autre, & s'eftime plus que l'autre. Ces biens font libres par nature, ny ne doiuent eftre aucunement foubmis à chofe pour laquelle ilz fe puiffent diminuer, ains doiuent eftre toufiours fauorifez & honorez felon leurs merites, à fin que par leur multiplication, la ville reçoiue le profit, & honneur procedant d'iceux. Les biens du corps, font la bonne & propre compoficion des mêbres bien fains: aufsi Dieu les a faitz libres & ententifz feulemét au propre falut: toutesfoys par l'amour & charité du bien vniuerfel & de l'vnion ciuile, nous deuós nous conferuer tous enfemble, & nous r'allier en vraye dilection. Et pour cefte caufe chafcun eft obligé de deffendre la patrie, & pour l'honneur & fouftien d'icelle eflire la mort. Reftent les biés de fortune, defquelz la plus haute partie font les richeffes tant defirées. Ceftes cy pour eftre données, augmentées, & deffendues, en tout par la patrie font toutes obligées à icelle, & quád il en eft befoin doiuét eftre requifes & demandées aux citoyés par la deffence publique: mais pour ce que chafcun s'exercitant auec labeur, garde les fiennes, il eft conuenable auecq' pro-

Biens de l'ame.

Biens du corps.

Biens de fortune.

L iii   portion

LE TROISIESME LIVRE

portion competente, prendre droict raisonnable de ce qu'on possede. Grandement louable est la reigle qui fait payer la iuste raison selon les autres, en sorte qu'en tout temps les substances de chascun homme priué, soient consommées par mesme moyen. D'auantage, c'est chose naturelle (& ne peut estre autrement) que en la multitude ciuile, l'vn augmente plus que l'autre, la propre vtilité selon que le vertuz, les industries, sollicitudes, & commoditez sont propres à chacun. Celuy qui distribuera, aura tousiours esgard à l'vtilité, ou à l'equalité du corps vniuersel & en ce faisant, les membres se conseruerõt tousiours meilleurs d'eulx mesmes, deuant les moins vallables, mais en ce cas se trouuent peu de membres telz, que le bien com-

Les vieils & caduques doiuent estre entretenuz du commun.

mun le requiert. Ceux qui ont quelque infirmité naturelle, ou aage non vallable à se subuenir de soy mesme, meritent subside public, à ce qu'on ayt misericorde de la misere des premiers & de la conuersation des secondz: s'ilz sont ieunes on receura d'eux, auec le temps vtille, commodité, & augmentation du bien ciuil: s'ilz sont vieilz, on subuiendra charitablement: à qui a passé l'aage prospere de la vie humaine, tellement que efforcé des ans, il n'a pouuoir de s'ayder. Tous les autres qui selon leurs forces naturelles peuuent subuenir à leur propre vie, & aux necessitez publicques ne doiuent receuoir les substances obligées à la patrie, que premierement n'ayt esté prouueu aux necessitez d'icelle.

le, ains leur doit suffire d'estre conseruez, & leurs biens propres maintenuz libres, & encor de se pouuoir aduancer auec exercices, esquelz ilz puissent faire vtilité pour s'entretenir selon le temps & la propre dignité. Qui seroit incertain de cela, & sans aucune vertu d'où il peust tirer quelque ayde, sera meritoiremēt dechassé comme inutile. Celuy qui s'essayeroit de passer les autres par moyens deshonnestes, comme de vsure ou de nuysibles frauldes, doit estre corrigé ou admonnesté de suyure vn art louable, & si ne doiuent telles artz estre permises en la ville. Ceux qui s'exercent en bonnes artz, faisantz fruict en commun, & s'enrichissans en priué, plus que les autres ne doiuēt estre aucunement poursuyuiz d'enuye, ains conseruez en leur vertu, & s'ilz prennent aduantage deuant les autres de quelque vtilité leur soit meritoiremēt cōseruée, comme estans de plus grande vtilité, & vertueux sur tous les autres. Ceux qui au contraire à cause de leurs vices cōsument plus grād' faculté soient raisonnablement cōduictz à plus grand ruyne & en pire degré, puis qu'ilz ont esleu si malheureuse vie. Doncques l'emprunt & autres subsides qui partissent esgallement les substances des habitās seront louez sur tous autres: & pareillement celuy qui par ses vices diminue sera blasmé, & celuy qui par sa vertu sera loué. FRANC. Vous nous auez suffisammēt monstré l'ordre des distributions publicques, en disant des choses qui nous sont fort profitables

bles & feront pour l'aduenir: & si nous esperons que quand l'aage nous rédra propres aux gouuernemens publicz, il nous sera fort profitable de vous auoir ouy traicter de ceste matiere: mais nous aurions plaisir maintenant, & peut estre nous seroit il plus vtile d'apprendre, auec quelle mesure les facultez priuées se doibuent distribuer, donnant & receuant en charité, selon qu'elle se depart es hommes. ANGE.
Vous voulez que ie parle de liberalité & de beneficence, & i'en parleray volontiers, veu mesmement que l'ordre de nostre propos le merite: & que i'auois desia deliberé d'en dire quelque chose. Liberalité & beneficence sont posées en l'vsage vertueux de l'argent, ou de toute autre chose mise en comparaison d'argent. Les tresors ne sont de soy bons ny mauuais, mais comme les possesseurs en vsent, ilz attribuent louange ou vitupere. L'approuué vsage des tresors est appellé liberalité. Ceste liberalité est mise entre deux extremitez vicieuses: l'vne est, de ceux qui trop songneusemét cherchent d'estre riches par voyes illicites, & là où il n'est conuenable, & conseruent auec misere ce qu'ilz ont acquis: auquel vice manifeste, est situee auarice. En l'autre partie lon deuient prodigue, quand pour les vicieux on consume le propre patrimoine. Ce vice sur tous autres est tresmauuais, pour n'estre iamais seul, ains tousiours conioint auec autres, comme luxure, ieux, gourmandise, yurongnerie, & maintes insolences qui le rendent

Liberalité Beneficence.

Tresors

Auarice Prodigalité.

dent pire. Le liberal touſiours diſpoſe liberallement ſes richeſſes, donnant & receuant, comme quand, & à qui eſt requis. La vertu conſiſte pluſtoſt à bien donner, qu'à bien recepuoir: mais pour ce qu'en donnant & non recepuant les ſubſtances des hommes priuez defaudroient incontinent, & ſeroit ceſte vertu deſtruicte, eſt neceſſaire àcelluy qui veult beaucoup donner, de receuoir beaucoup. Auſsi la liberalité conſiſte en donner & recepuoir les ſubſtances priuées auec bon moyen. Auant toute œuure donques le liberal doibt prendre, & recepuoir ce qui luy eſt iuſtement deu, & ce qui luy eſt iuſtement deu, eſt ſa propre choſe, car autrement il ſeroit iniuſte, & liberalité n'eſt iamais ſans iuſtice. A ceſte cauſe l'homme doibt touſiours auoir diligente ſollicitude de ſes propres affaires, à fin que les fruictz luy ſoient ſuffiſans à donner à qui il s'appartiendra, quand, & ou il ſera honneſte. Celuy qui ſeroit liberal de choſe qui ſeroit nuyſible, ne ſeroit point liberal, ains dommageable, conſentant au dommage d'autruy. Pluſieurs commectent erreur par vaine gloire, oſtans le bien aux vns pour le donner aux autres, penſans eſtre plus eſtimez de leurs amys s'ilz donnent beaucoup, d'ou qu'il vienne. Ceux là s'eſlongnent de iuſtice, comme ceux qui s'approprient les biens d'autruy. Le pluſſouuent tel vice eſt commun aux hommes puiſſans couſtumiers d'oſter à pluſieurs pour eſtre vtilles à leurs amys, donnant beau-

coup

coup sans s'enquerir d'ou il vient. Ceux qui desirent estre vertueux vsent de liberalité, aydant aux beneuoles & non nuysibles à personne: il ne fault pas ensuyure les tyrans qui ruynent les subiectz indigens, & les prouinces d'autruy, pour enrichir & estre large aux amys. Toute translation de richesses faicte des iustes possesseurs aux iniustes, est tant contraire à vertu que autre ne pourroit estre plus. La grande liberalité de l'homme iuste ne doibt nuyre aux autres commoditez, ains conseruer chascun en semblable equité, & es grandz affaires subuenir selon l'exemple de Arato Sicion, duquel Ciceron escript en grand recommandation. Cestuy cy voyant que sa ville auoit esté possedée des tyras par l'espace de cinquante ans, luy retourné de loingtaine côtrée tua secrettemét Nicocles leur tyran: remist en la cité six cens cytoyens bannys qui au parauant estoient tresriches, & restitua sa Republicque en liberté: puis cognoissant estre tresgrande dificulté es possessions, & biens à cause de plusieurs haynes secrettes, & publicques, car les citoyens ayans esté restituez disoient estre chose iniuste, qu'ilz fussent depossedez des biens à eux ostez, & les voir posseder à autres, & si n'estoit raisonnable les oster aux presens possesseurs, pour ce qu'en cinquante ans plusieurs possedoient par heridité, plusieurs autres par droict de dod, autres par acquisitions actuelles: tellement qu'on ne les pouoit prendre sans faire tort. Le bon citoyen iugea

Arato Sicion.

Nicocles tyran.

les

les possesseurs demourer en leurs possessions, satisfaisant ceux à qui elles appartenoient. Parquoy delibera accumuler grosse somme de deniers necessaires pour accorder telz differendz. Ainsi ayant assemblé le peuple exposa que pour certaines occasions à eux vtiles & profitables, il estoit contrainct d'aller en Alexandrie, & les pria, & auec serment solemnel les obligea de viure en paix & concorde iusques à son retour, promectant alors pourueoir & donner ordre à tout, & les accorder: puis partit le pluftost que il luy fut possible, nauigua en Alexandrie deuers Ptholomée son cher amy qui pour lors regnoit trefriche sur tous autres. Et arriué en sa presence, luy exposa vouloir affranchir sa patrie, demonstrant les occasions de sa venuë: tellement que estant cogneu pour homme digne de honneur, il impetra facilement du riche Roy grande somme de deniers, auec laquelle retourné en son païs il esleut en sa compagnie quinze des principaux citoyens, & en leur presence examina toutes les causes des demandeurs, & ayant accordé les possesseurs auec ceux qui prouuoient auoir esté spoliez, feit (apres l'estimacion des possessions, que les vns prenoient pluftost argent que de racheter ce qui leur auoit appartenu, & aultres estoient contens de reprendre leurs deniers, & restituer les biens acquis aux vrays seigneurs proprietaires: en sorte que sans plaincte ny iniure, le tout fut volontairement accordé, & de là en auant demourerent en li-

Iugement d'Arato Sicion.

alexādrie

Ptolomée

en liberté, conioinctz amyablement en ciuile compagnie. Ciceron cela escrit, & y adiouste encores ces parolles. O citoyen excellent, & digne d'estre né en nostre Republicque Romaine. En ceste maniere est requis de viure auecques les propres citoyens, & ne vendre les biens d'autruy subhastez par le crieur public. Tresgrand liberalité du Roy, & vertu tresaccomplye du citoyen, se demonstre au present exemple. Nous mesurons es distributions priuées les propres facultez, lesquelles plus sont opulentes, tant plus liberalement doiuent estre distribuées à aultruy. Qui voudroit en donner d'auantage pecheroit, & celuy qui receuroit, auroit tort de prendre plus qu'il n'est honneste, comme font plusieurs qui plus par ostentation de vaine gloire que de leur propre volõté, cherchent de sembler liberaulx: chose qui leur faict prendre à vsure &interestz deniers qu'ilz distribuent inconsideréement à leurs amys, pour faire croire qu'ilz ont bien dequoy donner. Le donneur doit tousiours auoir respect aux personnes, & regarder à qui il donne, & pour ce soit la vie de chascun consideree, & la vertu de ceux à qui ont faict le benefice, quelle beneuolence, ou quel amour il porte: & si on a receu de luy quelque plaisir: car si ainsi estoit, ce seroit ingratitude, ne correspondant à semblable beneficence, mesmemẽt si c'est en biens terrestres, car la terre nous rend beaucoup plus qu'elle n'a receu de nous. Or que chascun soit recogneu,

selon

selon la propre dignité, & tant plus quand plus luy sommes obligez selon les benefices receuz, & que le cognoistrons estre vertueux. En recognoissant les benefices nous debuons obseruer ceste mesure, sçauoir est, que nous en concedions plus à celuy, duquel sommes les plus aymez. Ie n'enten pas de l'amour semblable, à celle des ieunes gens qui engendre vn ardent desir en eux contre toute honnesteté. La vraye amour soit mesurée auecques ferme & constante vertu, ou sont les operations qui meritēt estre esleuës & aymées, & mesmement d'ou les benefices ont desia esté receuz, pour ce que nulle liberalité ne nous oblige tant que celle qui sera faicte pour les graces receuës: aussi ne sçauroit on nommer defaulte plus grande, que celle de ne correspondre aux plaisirs desia receuz : car puis que sommes naturellement tenuz faire benefice au prochain, que deuons nous faire inuitez de celuy qui desia nous a secouruz, sinon luy en rendre de plus abondans & meilleurs que ne les auons receuz? Semblablement si nous doutons d'estre larges enuers ceulx desquelz nous esperons quelque fruict, que deuons nous faire à celuy qui nous l'a desia faict? Donner ou nō est en nostre puissance, mais ne remunerer le benefice receu, n'est licite aux vertueux, mesmement quand il le peult faire sans iniure. Le propre de ceste vertu, est quand les autres choses sont esgalles de donner d'auantage à qui plus a de necessité toutesfoys on faict le contraire, car

lon

l'on donne plus à ceux desquelz on espere le plus, bien qu'ilz n'en ayent besoing. Parquoy ce prouerbe est ia par long temps en vsage.
La chose est mal partie, quand celluy qui a le moins donne au plus riche. Auant tout œuure soit subuenu à ceux qui nous sont naturellement plus prochains, puis à noz meilleurs amys, selon qu'on peult aprouuer des amys toute chose estre commune. On peult facilement cognoistre par les degrez qui nous est plus prochain.

Premierement nous sommes obligez à la patrie, puis au pere & à la mere, apres aux enfans, & à la propre famille, puis aux alliez, amyz, voysins, & ainsi de degré en degré, mesurant toute la ville, les prouinces, les langues, & finallement toute generation humaine est colligée ensemble d'vne amour naturelle: ainsi se doiuent distribuer les faueurs, & selon les degrez que vous auons dict. Tout nostre bien soit communiqué à ceux cy: les doux propos, les conseilz, les consolations, enseignemens, & les reprehensions, soient expressément practiquées enuers les amys, & encores aux incogneuz, quand ilz en auront besoing: & pour ce que ilz sont de telle nature que se departans à plusieurs, ilz ne diminuent en ceux qui les distribuent, ains sont semblables à la lumiere, qui peut allumer plusieurs & en faire de plusgrandes. Que chacun soit large de choses vtilles à ceulx qui les meritent, sans estre molestes au do
nateur

nateur, donnant tousiours à qui en aura plus de besoin, & à qui se peult moins passer de nous: prenant bien garde toutesfoys, ou quãd, & à qui lon donne: en sorte que l'ordre de iustice se cõserue esgallement, à fin de ne faire tort à aultruy. Or il me semble vous auoir assez monstré en quoy consiste la liberalité. Maintenant pour ce que magnificence s'exerce encor es despences conuenable nous toucherons aucuns membres d'icelle. Magnificence est mise es grandes despences des œuures merueilleuses & notables. A ceste cause telle vertu ne peut estre exercée, sinon par les riches & puissantz: les paures & moyens, ne la pourroient suyure, & se ilz s'efforceoient d'aparoir magnifiques, ce ne pourroit estre qu'en chose de petite importance esquelles vouloir faire despéce superfluë seroit tresgrande folie. Les especes magnifiques doiuent estre grandes & conuenables en œuures dignes, si que l'œuure semble admirable & meriter telle despence, & toutes choses employées soyent tenuës auoir iustement esté faictes. Les despences du magnifique veullent estre en choses conuenables, & pleines de gloire, non priuées, mais publicques, comme en edifices & ornementz de temples, theatres, festes solemnelles, ieuz, banquetz & autres telles magnificences, sans compter ne faire estime de ce qui s'y despence, ains comment que ce soit doiuent estre le plus qu'il sera possible merueilleuses & belles. Il me semble qu'en escriuant de l'honneste-

Magnifi-cence.

Especes magnifiques.

Despence du magnifique.

nesteté, nous auons monstré ce qui est requis, pour toute la vie à tous degrez de personnes: en sorte, qu'il ne sera difficile à celluy qui voudra estre bon, de cognoistre ce qu'il doibt expressément immiter en chacun exercice. Venons maintenant au dernier liure, ou sera traité par ordre de
l'vtilité.

Fin du troisiesme liure de la vie Ciuile.

Quatriesme

QVATRIESME LIVRE
DE LA VIE CIVILE, DE M.
Mathieu Palmier, à M. Alexandre des Alexandres.

Es doctes anciens estoient iadis accoustumez (Alexandre cher amy) d'auoir tousiours entre leurs mains quelque œuure, en laquelle ilz passoient louablemét le temps lors que ilz estoient ocieux, à fin de rendre leurs naturelz entendemens plus parfaitz. Ce qu'ilz ne faisoient seulement pour eux, ains pour enseigner leur posterité: ilz laissoient par escrit, ce qu'ilz auoient faict, à fin que ceux qui desireroient se rendre plus suffisans les peussent imiter. Et moy aussi pareillement, encor que empesché du gouuernement de ma famille, & molesté des charges publicques oultre raison, me suys tousiours efforcé consumer en celà tout le temps que ay peu gaigner sur mes priuées & necessaires occupations. Et pour mieux & plus cómodément auoir en quoy cóferer le loisir qui m'estoit permis, suyuat les anciens cómandemens, I'ordonne cest œuure, en laquelle m'estant desia par long temps exercité, & paruenu à la consommacion de la plusgrãd' partie, deliberé particulierement la communiquer à certains hommes studieux, lesquelz i'auois cogneuz dès mó ieune aage suyuant les artz liberalles, & depuis

M

puis frequentez domestiquement, estimant que leur iugement ny seruiroit de beaucoup, & selon iceluy cortiger tout ce discours auant que mettre ces liures en lumiere. Mais ce que i'auois iugé me deuoir stimuler & soliciter à mettre fin à mon œuure, comme bien approuuée, m'a retardé & tenu long temps en suspens pour ce que aucuns bien entenduz & vertueux, & à moy cōiointz par vne continuelle amour d'hōnestes artz me firent des aduertissemēs, sans toutesfoys blasmer l'inuention de l'œuure, ains plustost me reprenans de ce que publicquemēt ie m'estois adonné à composer liures vulgaires, me dirent que c'estoit grande peine se soubmettre au iugement de la multitude, la pluspart de laquelle se faict d'hommes ignorans & grossiers lesquelz coustumiers de reprendre ce qu'ilz ne entendent pas, ny adioustent foy, ains se mocquent de tout ce que leurs gros espritz ne peuuent comprendre: & qui leur est aduis ne se pouuoir faire: & iugent seulement estre veritable ce qui leur est certifié par leurs coustumes& œuures, ausquelles leurs appetitz s'adonnent: Quant à ce qui monte plus hault comme les bonnes & approuuées sentences, les notables exemples & tous les excellentz faictz des hommes vertueux ilz ne les croyent pas veritables, ains disent que ce sont fables inuētées par vieilles matrones,& pour donner plaisir aux ocyeux. Pour ceste cause ilz disoient que i'alois cherchāt diuerses reprehensions de ignorans, qui sans iu

gement

gement blafmeroiët noftre œuure ne cognoif-
fans eftre retirée de Philofophes trefaprouuez
autres diroient, que ie ferois prefumptueux de
vouloir donner enfeignemens en la vie ciuile,
en laquelle pour ma ieuneffe, i'ay encores peu
vefcu, & fuis encor moins experimenté. Plufieurs vouldront calomnier noftre inuention,&
noftre ordre, rumineront les parolles, diront,
elles deuoient eftre ainfi dictes, il eftoit myeux
ainfi, & aucunesfoys, il n'entendit ce paffage,
qui eft ainfi entendu & approuué par les meilleurs efpritz des anciens, & comme ordinairement il aduient à plufieurs, auffi difoient qu'il
aduiendroit à noftre œuure, affauoir que toute
l'ignorance des vulgaires tranfcriuans corrom-
pant toute bône chofe fera imputée à l'aucteur.
Ces raifons & maintes autres par plufieurs fois
m'ont diffuadé d'efcripre, & autresfoys continuëllement perfuadé de ce faire: à la fin admonnefté & pourfuyuy par Ierofme & Tulles,
deux de mes finguliers amys, qui difoient, que
ceux qui efcriuent n'auoient de remede contre
les calomniateurs, ie conclu de ne me toufiours
taire, puis qu'en efcriuant ie deuois eftre foubmis aux reprehentions d'autruy. Ie ne trouue
doncques bon que le filence craintif foit remede contre les reprehentions, mais pluftoft ef-
crire pour l'vtilité de ceux qui defirent viure felon vertu, & fe faire dignes fur tous autres.
Nous auôs pour certain efcrit en ces liures non
feulement ce qui nous a pleu, & femble bon,

M ii   mais

mais ce qui a esté dict & approuué par tresbons Philosophes anciens instruitz en diuerses disciplines. Ayant doncques escrit de l'honnesteté es liures precedens, maintenant auec l'ayde de Dieu nous parlerons de l'vtilité, de laquelle selon nostre iugement est assez commodément traicté au liure present. En nostre particion ou nous auons briefuement descrit l'ordre de nostre discours. Nous dismes vouloir premierement traicter d'honnesteté & de ses parties, ce que pensons auoir suffisamment faict.

Ensuyt la seconde, en laquelle sont contenuës les parties appartenantes à la commodité, à l'ornement, amplitude & beauté de nostre vie, aux richesses, & abondances de toutes choses necessaires pour l'vsage de l'homme, en laquelle nous dismes l'vtilité estre posée, de laquelle à present nous commencerons à parler. Ce ne sera point sans propos si en ce commencement nous disons que la diuision qui separe l'vtille de l'honneste est vulgaire & hors du droit chemin : pour ce que la verité approuuée par les bons espritz, & de l'auctorité des Philosophes seueres & graues, ne diuise point l'honneste de l'vtile, ains les conioinct ensemble, & veult que ce qui est honneste soit vtille, sans estre aucunement diuisez, la sentence desquelz Philosophes est certes approuuée comme veritable. Mais quand en disputation on subtilie la propre verité on iuge d'vne sorte, & autremẽt quand les parolles s'adaptent à l'opinion de la

plus-

plus grand multitude. Il est conuenable que nous qui parlons maintenant en vulgaire accommodions les parolles selon la coustume des vulgaires, & laissions la subtilité limée par la verité absoluë. Et comme la plusgrande partie des hommes tient pour certain (ainsi dirons nous) que aucunesfoys vne chose peult estre vtile encor qu'elle ne soit honneste, & estre honneste, qui n'est vtile. Or puis donc que nous traitons de l'vtilité, nous deuons tenir ferme en nostre esprit qu'il y a quatre raisons de choses esquelles est mise toute l'vtilité que les hômes ont en ce monde, & qui expressément sont desirées & suyuies de tous les viuâs. Les premieres sont de si parfaicte nature qu'ecor qu'elles soiét abondamment vtiles, ce neātmoins elles sont desirées & cherchées par les hômes non pour l'vtilité, mais pour leur excellence & bonté, & de leur propre nature disposent & attirent les espritz à la propre amour, de soy, comme sont les sciences, la verité, la vertu, & toutes bonnes artz, lesquelles encores qu'elles ne fussent louées de personne meritent neantmoins louange: & si elles n'attribuent aucune vtilité, si est ce qu'elles meritent d'elles mesmes estre esleuës, d'autant que l'honnesteté procedant d'icelles est plustost desirée que l'vtilité: A ceste cause parlant de l'honnesteté nous auons aussi traicté d'icelles es liures precedans côme de choses qui sont cherchées plustost pour l'honnesteté que pour le profit. Qui vouldra decorer sa vie auec telles

Quatre raisons de ou procede vtilité.

M iii scien-

sciences & vertuz doit en sa ieunesse s'exercer es artz vertueuses, ainsi que l'auons dit au commencement. Reste maintenant à traicter de trois raisons de choses vtiles, desquelles les aucunes pour la bonté de leur nature & de l'vtilité encor meslée ensemble sont par nous desirées. Souz ceste raison sont les parentez, les amytiez, la bonne renommée, & la santé, dont apres procedent gloire, dignité, abondance, & la vie honorable: Aultres se suyuent pour la seule vtilité, sans que autre respect soit en eux, comme par especial l'argent, les possessions, les labourages, & l'abondance des animaulx. Autres sont esleuës, non pour vtilité ny pour la bonté de leur propre nature, ains pour la dignité & pour la commodité, à cause de l'opinion qu'on a qu'elles donnēt quelque lustre de beauté, & font paroir plus digne, comme sont les palais magnificques, les edifices faitz en public, les bagues & pierres precieuses, seruiteurs, & cheuaulx & toute autre illustre abondance. Et combien que de prime face elles semblent plustost aporter despence que vtilité: & que pour ceste ocasion ne soit conuenable d'en traicter en cest endroit: ce neantmoins pour ce que nous en receuons grande commodité, & que l'experience mōstre qu'elles ont esté cherchées par les espritz reputez sçauans & entenduz, & non coustumiers d'eslire choses dommageables, nous presupposerons qu'il y a en icelles quelque couuerte vtilité, comme reputacion, admiration,

popu-

populaire, ou autre chose d'ou aucunesfoys ilz acquierent en priué ou en public telz exercices qui leur rapportent honorable profict: & pource iugeons n'estre inconuenient escrire d'icelles en cest endroict. Nostre ordre doncques sera premierement des choses qui ensemble sont cherchées cõme vtiles & pour la bonté de leur propre nature, puis des seulement vtiles, en la troisiesme partie nous parlerons de celles qui sont desirées plustost pour commodité & dignité que pour vtiles & propre bõté. Apres que les hommes d'aage accõply, seront disposez pour trauailler en œuure honneste auec les exercices & artz desia nommez, ilz ne doiuent mespriser l'vtilité & propres commoditez, ains les suyure toussiours honnestemẽt, pource que mespriser l'vtilité que nous pouons iustement receuoir, merite blasme, & est indigne des hommes vertueux. Les richesses & abondantes facultez sont les instrumentz auecques lesquelz les hommes bien nez s'ecercent vertueusement, mais ceux qui sont nez paurres, s'esleuent mal ayséement aux vertuz. Il y a plusieurs vertuz qui ont besoing des biens de fortune, & sans iceux se trouuent debiles & imparfaictes. La vraye louange de vertu est en l'œuure, & on ne peult venir à l'operation sans la faculté propre à icelle. Celuy qui n'a rien à despencer ne peut estre magnifique ne liberal. Celluy qui vit en sollicitude & qui n'est experimenté, ny exercité en choses de importance en gouuernemens & faictz appar-

L'vtilité iuste ne doit estre mesprisée.

Richesses.

Vraye louange de vertu.

M iiii tenans

tenans à plus haultes entreprises, n'est point cogneu iuste ny fort. La vertu né peult iamais estre parfaicte si elle n'est employée: celuy en qui rien n'est commis ne peult donner experience de sa foy, mais si font ceux qui ont le gouuernement des choses grandes. Temperance n'est point cogneuë en celuy qui viuant en solitude, ne conuerse entre les mondanitez, mais bien en celuy qui s'abstient d'icelles, & ne suyt les desordres, ausquelz les autres ne peunent resister. C'est pour cela que les vertueux cherchent l'vtilité, à fin qu'ilz puissent bien viure, & s'ilz arriuent à leurs intentions qu'ilz vsent d'icelles en bonnes œuures, & s'il leur aduient au contraire, fault qu'ilz la mesprisent cóme chose subiecte à fortune, & se fault bien garder de s'esquarter du vray chemin pour l'aquerir. Celuy qui pour amplifier ses propres substances vouldroit nuyre à aultruy, seroit fort vituperable. Et au contraire celuy qui augmente ses facultez ne nuysant à son prochain, merite louange. Il se trouue de plusieurs & diuerses sortes d'vtilitez, mais il ny en a point de plusgrandes, que celles que les hommes conferent aux autres hommes. Il y a encores des choses desquelles se reçoit profit & commodité, que si elles n'eussent esté faictes auec art & industrie, elles seroient nulles, comme cultiuer, recueillir les fruictz meurs en temps opportun, & les conuertir à nostre vsage, conseruer & disposer, guarir les maladies, nauiguer, & permuter les

choses

choses trop abondantes, conduisant par bon ordre celles dont lon peult auoir besoing. Ce que nous n'aurions en vsage, si les hommes ne les eussent inuentées: pareillement si n'estoient les artz diuerses de l'industrie humaine, nous deffendrions de plusieurs proprietez vtiles, & pour la plufpart necessaires à nostre vie. Les artz sont celles qui ont retiré du profond de la terre le fer, les mestaulx, le boys & iusques aux pierres, qui ont esté reduictes en vsage & vtilité. Nous en auõs edifié des maisons, esquelles non seulement nous prenons refuge pour les tempestes, challeurs, & froidures, au moyen dequoy grande partie du monde est habitée, qui seroit deserte, mais aussi en noz necessitez demourons en icelles, resistons à noz ennemys, nous gardons des bestes cruelles, viuons ioyeusement auec la commodité de noz exercices. D'auantage sans l'industrie & ouurage des hõmes nous n'aurions point les edifices & instrumentz, auec lesquelz on s'ayde en toutes artz, ny les canalz & conduictz faictz pour arroser & rendre les terres fertilles, ou pour besongner & construire edifices aptes à plusieurs exercices, & faire les rempartz & leuées, contre l'impetuosité du desbort des fleuues, ny les portz faitz par force, & nous defauldroient plusieurs autres vtilitez, desquelles on recueille plusieurs fruitz. C'est encor chose admirable de considerer le grand profict que les hommes retirent des bestes sauuages, qui ne se pourroient nourrir, af-

fran-

franchir, & dompter à nostre vsage, sans noz œuures & aptitudes. Les hommes les gardent, conduisent, maintiennent & font vtiles, & reçoiuent grand profict, tuans les nuysibles, & conseruans celles qui raportent quelque fruict Il n'est besoing de nombrer la multitude des exercices & ouurages humains trouuez par les hommes, & sans lesquelz la vie de l'homme, seroit vagabonde, mal ordonnée & semblable (si i'ause dire) à la vie brutale, l'industrie a for-

Industrie. mé l'ordre de nostre vie, les villes en ont esté edifiées, & habitées des hommes qui ont imposé les loix escriptes, les coustumes approuuées, & ordonné toutes les disciplines Politicques, d'ou s'est ensuyuie mansuetude, amour, vnion d'espritz, & volontez r'alliées ensemble. Au moyen dequoy, lon cognoist la sentence des

Sentence des Stoïciens. Stoïciens estre vraye, disans, ce qui estoit en terre auoir esté crée de Dieu pour l'vsage & commune comodité des hommes, & les hommes auoir esté engendrez pour l'vtilité des autres hômes à fin qu'ilz se peussent subuenir & donner secours l'vn à l'autre. Or il peut estre que nous auons consumé plus de temps qu'il n'eust esté requis à demonstrer ce qui est certain, pour ce que les choses certaines n'ont besoin de preuue & chacun est certain que sans l'ayde des hommes les grandes choses ne sont faictes, & ne se administrent les artz qui nous font honneur & faueur. FRANC. Vostre discours n'a point esté superflu, ains estoit besoing pour nostre regard

gard de commencer, ainsi pour ce que sans commencement nous eussions mal entendu, le milieu & la fin de ce que vous entendez dire. Maintenant puis que nous auez ouuert le chemin pour sçauoir comment se doibuent diuiser les vtilitez, & de quelz principes elles procedét nous esperons qu'il nous sera aysé d'entendre, ce que vous continuerez en ceste matiere. Disposez vous doncq' d'acheuer, car nous deliberons vous ouyr diligemment, sans vous interrompre aucunement: poursuyuez comme maistre, au iugement duquel nous sommes tousiours arrestez. ANGE. Ayant acheué l'ordre de tout ce que ie voulois dire de l'vtilité, ie croy que ce soit le meilleur (comme vous dictes) de ne passer plus outre en ceste matiere. Retournāt dōc à nostre ordre, ie dy que la premiere raison des choses profitables vient de celles qui sont cherchées pour estre leur propre nature bonne, & qui encor ont l'vtilité conioincte ensemble: entre lesquelles nous mettons les affinitez & parentages dont maintenant sera nostre traicté.

Entre toutes les amytiez humaines, ny en a point de plus grande, ny de nature si viue, que celle du mary à la femme, desquelles est dict par les sainctes parolles de l'Apostre sainct Pol, qui sont deux mesmes en vne chair, & si commande à chacun d'aymer sa femme comme soy mesme. *Amour de mariage. S.Pol.*

Premierement la conionction du masle auec la femelle est naturelle, & la dilection alternatiue

tiue d'eux mesmes: puis l'vtilité, les commoditez & secours prestez respectiuement l'vn à l'autre augmentent la conionction, & contraignent les affections d'amour, cognoissent ne pouuoir estre l'vn sans l'autre, & ce pendant qu'ilz y sont donner l'vn à l'autre ayde d'estre bien, cognoissent la vie de l'homme en brief temps mortelle, ny aucun homme pouuoir trop longuement durer: au moyen dequoy ilz desirent des enfans pour la succession, descendans aux neueuz, & en ceux qui apres procedent d'eulx, & leur acquerir le tousiours estre ensemble, puis qu'ilz ne peuuent tousiours estre en vie. Et pour ce es parentages est raisonnable auoir la premiere sollicitude de sa propre femme: & la principalle chose qu'on doibt chercher en elle, est qu'en ses meurs & forme de viure, elle ressemble à celles du mary: par ce qu'en la dissimilitude des meurs ne se conioinct parfaicte amour & la similitude de vie est de si grande force que non seulemét entre les bons: mais encores entre les dissolutz & les bons, elle est cause de tref

Ornemés de lá femme excellente.

grandes compagnies. L'aornement de toute excellente femme est modestie, & honnesteté de vie bien composée & ordonnée. Les autres aornemens comme d'habitz & autres accoustremens soient cópetans & conuenables aux puissances, facultez, & conditions de qui les porte & reiglez de sorte, qu'ilz soient exemptz de digne reprehension, de laquelle sera tousiours franche celle qui obseruera l'honnesteté. La
princi

principalle vtilité qu'on attend de la femme, sont les enfans & les familles. La femme mariée represente la terre feconde qui estant ensemencée, nourrit son fruict & le multiplie. Si doncques l'experience approuuée des bons laboureurs est de choisir la terre plus fertile, delaquelle il reçoiue meilleur fruict. L'homme doit il pas estre plus vigilant à eslire la meilleure femme de laquelle il puisse receuoir les meilleurs enfans? Negligence est souuent nuysible *Negligence.* en choses grandes, pour ceste cause disoit Marc Varron: Si la douziesme partie de la diligence qu'on met chacun iour à faire bon pain, & viandes sauoureuses, estoit employée à pouruoir à la bōté de la propre famille, y a long tēps que nous eussions esté faitz tous bons. Sur tout soiēt cherchées pareilles bontez par ceux qui se voudront conioindre par mariage. Et ce que Themistocles Athenien disoit de l'homme soit aussi dit de la femme, car luy enquis auquel plustost la fille debuoit estre mariée, ou à vn riche sans vertu & peu loué de bonnes meurs, ou à vn pauure vertueux, respondit: Ie veulx plustost vn homme sans richesse que richesse sans homme. *Nota.* Quand le mariage est sainctement consumé le mary sera obligé à la femme, & la femme au mary, & chacun d'eux sera tenu obseruer les loix matrimonialles. La principalle garde *Femme pardicque ne* doibt estre en la femme, qui non seulement ne *doit donner suspition.* se doit conioindre auec autre homme, mais encores doit estre sans suspition de telle faulte a-
bomi

bominable. Ceste faulte la est le plus grand vitupere de l'honnesteté, car elle oste l'honneur,
desioint l'vnion, rend l'incertitude des enfans,
& les familles infames : & elles mesmes ainsi
diuerses & odieuses font dissolution de toute
conionction, & ne meritent plus estre appellées femmes mariées, ains corrompuës, & dignes de publicque vitupere. Pareillement le
mary ne sera legier à porter sa semence ailleurs
ny la mettre en femme mariée, à fin que la dignité ne soit vsurpée, & les enfans non legitimement nez, soient notez d'infamie. Leurs pro
pos & deuiz soient amyables & honnestes & de
choses domesticques ou recreatiues. Quand le
debuoir les appelle à la conionction matrimo-
niale, leur premier respect soit la generation des
Conioints enfans, obseruant temperéement l'ordre requis
en maria- en mariage, & s'esquartant le plus qu'il leur sera
ge se doi- possible de ieux, lasciuitez & tout acte & mou-
uent abste- uement de paillardise publicque, temperant le
nir des plaisir que le souuerain Dieu à mis es conion-
lasciuitez ctions, à fin que pour l'infamie de l'acte les especes des animaulx terrestres ne se perdent. La fin
de l'acte generatif est necessaire au salut des especes humaines, mais elle est de soy plus vile,
miserable, & laide, qu'on ne pourroit dire, bref
c'est vne seruitude de tout digne esprit, & ieu
Ofice de brutal qui meriteroit estre delaissé aux asnes.
la femme Le propre ofice de la femme est d'estre curieuse
mariée. & ententiue au gouuernemēt de son mesnage,
donner ordre aux necessitez de la famille, sça-
noir,

uoir, cognoistre, & entendre tout ce qui se faict en la maison: prenne tousiours garde aux aptitustes & proprietez familieres, en conferer auec son mary, & sur toutes choses entendre sa volonté, & la suyue, en sorte que l'ordre, l'aduis, & les complexions du mary soient vne loy obseruée par la femme. Quelquefoys elle aura l'œil au mesnage, à fin qu'elle sache les meubles qui luy deffaudront,& que le tout soit cóserué en reparant ce qui en a mestier. Elle ne se enquerra de ce qui se faict hors la maison, ains en laissera l'entier gouuernement à son mary, au quel appartient toute prouision exterieure. Estans ainsi ordonnez en vouloir vny d'amour & charité, ilz suyuront vne vie ioyeuse, auecq' disposicion & obligation de iouyr ensemble de leur prosperité, & du bien heureux de leur bon gouuernement,& aussi de la misere de leur fortune aduerse, se recófortans le plus qu'il leur sera possible à supporter toute infelicité: car il est besoing d'estre ainsi soubmis ensemble & de demourer aux biens & maux que l'instable & diuerse fortune nous presente. Le commun desir de tous est d'auoir femme honneste & vertueuse, mais pour ce qu'on n'obtient pas tousiours ce qu'on desire & on rencontre femmes vicieuses, superbes, vaines, facheuses, & pleines de milles occasions de querelles, noises & debatz. Les sages ont conseillé d'amender le vice de la femme le mieulx qu'il sera possible, & quand on ne pourra le supporter secrettement. Socrates

tes enquis comment il pouoit endurer les querelles de sa femme tant noisiue, respondit: l'ap-
prendz en l'hostel à supporter les iniures qu'on
reçoit dehors. Puis que nous auons deduict en
brief ce qui est conuenable entre le mary & la
femme à fin de donner commencement à l'vtilité domestique, reste à parler des enfans, esquelz on souhaite vn fruict si copieux & grand
qu'il n'y a rien plus expressément desiré, & se
ilz estoient ostez ce seroit desioindre & diminuer toute amour de mariage, sans estre aucunement reputé profitable, sinon qu'en icelluy gist
l'honesteté du salut perpetuel. A parler des enfans la matiere seroit abondante & copieuse,
mais pour ce qu'au commencement de l'œuure
nous auōs beaucoup escrit de leur subiect, nous
prendrons en cest endroit seulement la plus-
haulte partie de ce qui me semblera conuenable. Et dirons que les enfans qui ont esté aydez
du bien paternel, quand ilz estoient impotens
& debiles, sont charitablement obligez d'administrer à leurs peres ce qui leur sera necessaire,
& mesmement en vieillesse & impotence. Le
plus grand & notable fruict qu'on reçoit des enfans procede de leur bonté: au moyen dequoy
la principalle cure des peres doibt estre à faire
tant qu'ilz soient bons: & à ceste fin leur donner tousiours bons exemples, pour ce que les
mauuaises meurs de l'hostel corrompent beaucoup plus la famille, que celles de dehors, &
doibt chacun pere estre subtil, & se donner garde

Apophteg-
mes de So-
crates.

de que ſes vices ne ſoient cogneuz par ſes enfans, de paour que l'exemple paternel ne les diſpoſe & aſſeure à ſuyure & imiter le ſemblable. Le plus grand bien qui ſçauroit auenir à vne famille eſt que la maiſon ſoit purgée & nette de vices, toutesfoys on en faict peu d'eſtime. Iuuenal dit: que quand lon attend des eſtrangiers toute la maiſon eſt en œuure, les vns ballient les courtz, les autres les chambres, aultres les murailles, collonnes, chapiteaux, & les grans arcz des ſpacieux edifices, puis ſont les chambres, ſalles, & garderobbes tenduës de tapiſſerie, la vaiſſelle d'argent eſt brunye, celle d'eſtaing & decuyure eſt fourbie, le maiſtre crie, ſe courrouce & donne ordre, à fin que tout ſemble rire à ſon amy: mais nul ne ſe donne peine de faire que les enfans trouuent la maiſon nette & non vicieuſe. Engendrer enfans, croiſtre & augmenter le peuple & donner des citoyens à la patrie eſt choſe vtile, meſmement quand on donne ordre qu'ilz ſoient acouſtumez à bien viure, propres au ſalut commun, & vtilles dehors, & dedans, en la ville, es guerres & en temps de paix. Apres les enfans on doibt eſtimer les nepueux eſtre vtilles, & tout autre né de noſtre ſang, premierement en eux, ſe comprend toute la maiſon, puis multipliez & faiſans diuerſes maiſons, les lignées s'eſtendent, & les parentez & familles copieuſes, qui donnant & receuant les legitimes noces, auec affinité & amour, comprenent vne grande partie de la ville: au moyen de

Iuuenal.

N quoy

quoy puis apres estans conioinctz par alliance subuiennent charitablement les vns aux autres & entre eux mesmes conferent conseilz, faueurs, supportz, & aydes, qui durant leur vie, rapportent aptitudes, commoditez, & grande abondance de fruict.

Amitié. Apres les parentez, reste à parler des amytiez, tant necessaires & si commodes à la vie que sans icelles nul ne vouldroit viure, par ce que nulle prosperité, pour grande qu'elle fust, ne profiteroit, n'ayant auec qui en ioyr, & es aduersitez & miseres est seulement attendu consolation de ceux qui nous aydans en noz necessitez soulagent grande partie de noz douleurs. D'auantage les amytiez ont esté beaucoup plus estroictes, fidelles, & plus asseurées que les parentez, le lyen desquelles est si grād qu'en beaucoup de choses il se trouue plus estroict que celuy des parens, pour ce que l'amour & beneuolence ne peuuent estre separées de l'amytié, & les conionctions du sang sans amour sont *Selon Ciceron.* fermes entre les capitaulx ennemys: L'amytié est le seul lyen qui maintient les villes, sans laquelle non pas vne ville, mais vne bien petite compagnie ne pourroit durer, & d'ou elle est ostée toute vnion demoure corrompuë. C'est pourquoy lon dit que les legislateurs doibuent plustost regarder à l'vnion & concorde, qu'à la iustice, pour ce que la vraye amytié est de soy mesme tousiours iuste. Amytié a esté premierement donnée pour don excellent par nature,

qui

qui en la generation humaine a côioinct amyable affection en dissemblable compagnie: en sorte qu'estans tous enclins à subuenir aux miseres d'autruy nous sommes meuz par nature à secourir ceux qui en auront plusgrand besoin, encores qu'ilz nous fussent incogneuz & estrages. Quant aux remunerations elles se doiuent appliquer à ceux de qui on a receu seruice, fait liberalemêt, sinon qu'en ce faisant lon pechast en vertu. Apres ensuyuent les commoditez qui souuentesfoys selon qu'elles sont données, & ostées, augmentent, & serrent ensemble l'amytié si viue, qu'elle a force d'aymer autruy, autant que soy mesmes:& se sont trouuez souuent des amys qui eslisoient la mort pour sauuer leur amy. Entre lesquelz sont Damon & Phitias: l'vn d'iceux fut prins par Denys Siracusan tyran, & condamné à mort, auquel il demanda temps pour aller veoir sa famille & donner ordre à ses affaires, laissant pour pleige son amy, qui en respondit corps pour corps. Le condané auec son congé laissa son amy, & s'en alla: dequoy le tyran & tous les autres s'esmerueillans doubtoient fort le retour: tellement que venu le dernier iour du terme donné, chascun se mocquoit du pleige, mais il leur monstroit bien de parole & de faict, qu'il n'auoit point de crainte. Aussi le mesme dernier iour, le condamné retourna se presentant à la mort pour deliurer son pleige. Au moyen dequoy Denis voyans leur si ferme amytié changea sa cruaulté

Damon.
Phitias.
Denis Syracusan tyran.

en doulceur, & sa hayne en amour, remune-
rant la peine de deux amys par presens, les pri-
ant de le receuoir en tiers amy. Pilades & Horestes, incogneuz du Roy qui vouloit faire mou
rir Horestes, affermoient tous deux estre Horestes, voulant chascun d'eux plustost mourir que
voir mourir son amy. La force d'amytié est si
grande quand l'experience monstre que les hōmes en mesprisent la mort: car estant acompa-
gnée de bon conseil, elle n'est sans excellente
vertu, & vertu est le lien de la vraye amytié:
qui ne peult estre qu'entre les bons, pour auoir
esté ordonnée de Dieu à l'ayde & cōseruation
des vertuz, & non pour accompagner les vices:
aussi est elle seulement conuenable & seante en
ceux esquelz resplendit quelque vertu digne
d'estre aymée. Quand dilection reciproque est
entre telz hommes les aptitudes en sont admirables, & les fruictz procedans de telle charité sont propres à nostre nature, & à iouyr de tou
te prosperité consolant noz miseres, & est vn
asseuré refuge pour tout ce que nous disons &
faisons: car nulle chose se trouue plus excellente ny plus doulce que auoir vn amy, auec lequel
on puisse conferer de toute chose, comme à soy
mesmes: quelque part que lon soit, l'amytié
nous accompagne, asseure & honore, elle donne tousiours secours, & resiouit, sans iamais e-
stre ennuyeuse ou moleste, elle est en tous lieux
tousiours requise, necessaire & vtile: elle augmente les prosperitez, les rend abondantes &
claires

Pilades.
Horestes.

claires: elle communique les aduersitez, les diuise, & rend plus facile à suporter: elle est en toutes infirmitez tousiours presente, elle conforte, subuient, & maintient l'vnion, & la memoire de celuy qui est absent, & faict que nous auons par souuenance presens ceux qui sont biē loing de nous, & les suyuons auec le desir de l'esprit, comme s'ilz estoient presens. Amytié maintient sur tout les commoditez & ornemēs de tout le mōde: car si elle estoit ostée de la terre, nulle famille se trouue si ferme & stable, ny Republique si puissante qui ne fust briefuemēt en ruyne & derniere extremité: car par concorde toutes petites choses s'augmentent, & par discorde les tresgrandes diminuent. Tressages ont esté les Philosophes, qui ont tenu que tout l'vniuers est maintenu & conduict par la correspondance d'amytié bien ordonnée: & que les choses ou y a diuision & discorde, sont dissipées & mortelles, ainsi que l'experience monstre toutes choses viues se conseruer, pendant que leur vniō dure, laquelle adulterée, elles se destruysent. Parquoy les choses supernelles ne receuans aucun desordre qui les face discorder durent tousiours & sont eternelles & pource que soubz le ciel toute chose se desordonne & est muable, aussi par inymitié toute chose se fait mortelle. On ne pourroit traicter amplement des vtillitez procedans d'amytié, pource que si grande matiere ne se peult desduire qu'en vn autre œuure à part soy. Elle est sur toutes cho-

Philosophes.

ses

ses trespropre à conseruer & maintenir les richesses, ny nulle chose est plus contraire à la stabilité des thresors & grandz estatz que hayne, & ne c'est iamais trouué puissance si esleuée, qui ayt peu resister à la hayne de plusieurs. Hayne a tousiours esté l'instrument propre à combatre & ietter par terre toute seigneurie pour bien asseurée qu'elle fust : & au contraire Amytié est la puissance, deffence, & ferme establissement de tous royaulmes. L'empire est peu durable, qui a assiz son fondement sur hayne : car il est mal asseuré, & tousiours tremble : & l'amytié est tressuffisante & propre pour tousiours le perpetuer & deffendre. Nulle chose est plus valable à la propre deffence que se voir aymé, estre crainct & redouté, engendre hayne : vn citoyen ne pourroit en vne cité libre, auoir plus grand mal que d'estre redoubté : car combien que pour quelque temps les loix se taisent cōtre vn citoyen puissant, si est ce que aucunefois elles se releuent auec secretz iugemens & opinions cachées entre les citoyens, parquoy le plus souuēt ce puissant citoyen en endure plus cruelle ruyne. Chacun soit asseuré qu'en toute chose priuée & publicque, on obtiendra plustost son desir par amour que autrement. Ceux qui veulent estre redoubtez sont contraintz de craindre ceux qui les doutent, comme on peut voir manifestemēt es tyrans, plusieurs desquelz ont esté cruellement meurtriz. On monstreroit facilement pour recentes ruynes de toute Italie.

Hayne.

lie, combien les discordes ont causé de dommages & incommoditez, en toutes les villes, & païs circonuoysins: mais en ce cas il est beaucoup plus conuenable racompter les miseres anciennes & des estrangers, que les nouuelles & propres. Il ne fut oncq'empire si florissant, ny peuples si fermes, que les inymitiez intrinseques & ciuiles n'ayent diminuez & conduictz à miserable ruyne. Les anciennes histoires en sont pleines d'exemples, tout le monde l'a demonstré, & les faictz que nous en voyons le certifient. Entre Grecz, Latins, & Barbares, les grandz empires sont trebuschez pour les inymitiez ciuiles: & nous sufise pour n'estre prolixe le seul exemple de Rome, L'empire de laquelle sur tous autres fut si excellent, qu'il n'en fut oncques veu de plus grand, plus florissant, ne plus puissant: toutesfoys les seules inymitiez ciuilles l'ont deffaict iusques aux extremes racines: & ceux qui en vne amytié auoient dompté tout le monde, & imposé loix à toutes nations, se sont destruictz par leurs propres inymitiez. L'amytié doibt estre sur toute chose diligemment cherchée, & conseruée entre les hōmes, veu les biens, früictz, & commoditez qui en procedent. Vne beneuolence de charité departie en tous est tresvtile à retenir auecq toute personne que lon frequente, ou que lon cognoist aucunement: non toutesfoys pource que ayons tous besoing d'icelle, mais selon la vie que aurons esleuë: parquoy en ordonnant

N iiii   de

de nostre vie, nous deuons cognoistre s'il nous est necessaire d'estre aymé de plusieurs, ou de peu, & selon que la commodité le requiert, chercher plus & moins, la beneuolence de tous. La vraye amytié est si estroicte qu'elle demoure seulement en deux ou peu plus, & iamais ne s'eslargist à plusieurs. Pour eslire l'amy fault premierement regarder ses meurs, & si de aduenture il en auoit de mauuaises se mectre en peine de l'amender: mais s'il ne se pouuoit faire on se doit separer de luy peu à peu, non toutesfoys du premier sault, ains auec le temps raisonnable: par ce que si les meurs ne correspondent iamais l'amytié n'est ferme. Le premier signe d'esperance de s'amender est la disposition de ouyr les enseignemens, consentir à la verité, & suyure le bien. Qui ne preste l'oreille à verité, ne donne esperance de son salut. La premiere loy d'amytié est demander choses honnestes, & auec honnesteté s'employer pour l'amy. L'excuse du peché est mauuaise quád on dict l'auoir faict pour l'amour de l'amy, & celuy est à blasmer qui vse vicieusement de l'amytié ordonnée en faueur du bien: & telle compagnie ne peut ny ne merite estre apellée amytie, mais suyte & coniuration des meschans. L'amour, & l'honneste plaisir doibt estre la premiere occasion de l'amytié, esleué d'elle mesme seulement, & non suyuie ne cherchée pour aucune vtilité qu'elle confere, ains plustost estre tousiours disposée à bien meriter, qu'à bien receuoir: toutesfoys si

Eslire vn amy.

Signes de amendement.

en

en vsant d'amytié il s'en enfuyuoit profict, se
feroit chose estrage & inhumaine de le refuser,
car ainsi que les opportunitez le requierent, les
amyables benefices doibuent estre continuëllement donnez & receuz: en sorte neantmoins
qu'ilz ne semblent auoir esté cherchez auant
que se conioindre en telle amytié, a fin qu'elle
n'apparoisse suyure le profict: mais plustost que
l'vtilité suyt l'amytié approuuée : Entre amys
rien ne doit estre sainct, dissimulé, ou celé, ains
ouuert, specifié & declaré, en sorte qu'ilz semblent estre tous deux vny en vne mesme volon- *L'amy ne*
té. Cestuy là fauldroit grandement qui con- *doit con-*
sentiroit à son amy quelque chose côtre raison: *sentir in-*
iustice à
tellement que les ennemys aydent beaucoup *son amy.*
plus en reprenant les faultes, & en ce cas sont
plus profictables, que les amys accordans & cô-
sentans toutes choses. Amytié, n'est que vray
consentement de toutes les choses diuines, &
humaines, auec amour & charité, dressée à bône fin. Le vray consentement se cognoist es
choses doubteuses & dificiles, ou pour conseruer l'honneur & dignité de l'amy, on tombe
en peril & dommage: parquoy se dict en an-
cien prouerbe, que l'amy certain est cogneu es *Prouerbe.*
choses doubteuses. Celuy qui ayme en prospe-
re fortune, & fuyt la mauuaise, n'est pas amy: ains
est vice grand d'abandonner l'amy, duquel on
a receu benefice, car par celà clairement se cognoist l'ingratitude nõ iamais trouuée entre les
vertueux. Vertu conseille & conserue les amytiez:

tiez: car en elle est le mesme vouloir des choses honnestes: en elle se conuiennent les volontez des bons auec constance: parquoy en monstrāt sa volonté pure, libre, & vraye, & cognoissant vn pareil vouloir es autres, s'engendre reciproquement vn amour vny en parfaicte amytié, tant propre à nostre vie, que nulle autre se treuue plus conuenable à nostre nature, ny à subuenir aux prosperitez & aduersitez, que la fragilité humaine nous appreste chascun iour. Au moyen de quoy ie vous exorte tresinstamment suyure & chercher beneuolence & amytié sur toutes choses humaines: pour ce que les richesses, santé, puissance, honneur, ny aucun autre honneste plaisir se peuuent sentir sans elle. Suyuez donc diligemment vertu, à fin que moyennant icelle, vous puissiez conioindre & retenir telles amytiez qui vous seront vtilles, fructueuses à la patrie, & aggreables aux bons. Depuis que serons en la beneuolence & amytié de plusieurs, il sera fort conuenable de chercher degré plus digne, assauoir d'estre par vertu renommez entre tous les autres. Parquoy il me semble qu'en cest endroict nous deuons & à bon droict parler de la gloire qui est renommée vniuerselle, donnée de plusieurs auec louange: & premierement des amys, lesquelz esmerueillez estiment beaucoup les faitz excellens, & iugent droictement de l'excelléte vertu de quelqu'vn, puis des gens de bié & toutes autres personnes ayās cognoissance des mesmes faictz, &

ver-

vertuz: & pour ce est necessaire que la vraye gloire soit accompagnée d'œuures louables, & ne doibt estre mesprisée des bons. Mais il se fault songneusement garder d'estre deceu par la renommée populaire, qui semble suyure la vraye gloire, toutesfoys le plus souuent son effect est inconsideré & sans iugement, louant les vices, & soubz espece d'honnesteté exalte les pechez d'autruy, lesquelz fainctz & simulez corrompent & obscurcissent l'honnesteté & beauté de la vraye gloire. Plusieurs hommes deceuz de ceste ignorante apparence, & cherchás de deuenir grandz & nobles se sont conduictz en tresgrandz perilz dont les vns ont faict plusieurs dommages & incommoditez inestimables à leurs propres villes, & les autres auec extreme ruyne se sont perduz, eux & leurs biens: & ainsi auec louange corrompuë, cherchant le bien, non de droicte volonté: ains par erreur se sont trouuez miserables. Ciceron dict que la plusgrande & parfaicte gloire est mise en trois choses, assauoir: estre aymé de son peuple, estre tenu & reputé bon & fidelle, & estre en admiration estimé vaillant & digne d'honneur, plus que les autres. Il y a sur ces trois choses plusieurs enseignemens que nous ensuyurons maintenant, & premierement la beneuolence. Elle s'aquiert premierement en faisant plusieurs benefices, quand les moyens y sont, & s'ilz defaillent on doibt monstrer ceste volonté de bien faire, estre liberalle, & disposée à bien seruir. Il

L'õ se doit garder de vaine louange.

Ciceron. Gloire cõsiste en trois choses.

ny a

ny a chose tant prouoquant à aymer, que l'espoir des benefices. Dans les villes libres on attend expressément les benefices des personnes doulces, benignes, bien condictionnées & de honeste vie, pource qu'on ne craint point d'eux iniure ne tromperie. Si l'honnesteté & vertu nous enclinent encores grandement à aymer, & par leur nature nous disposent, en sorte que quasi contrainctz, consentons à aymer les vertuz excellentes de ceulx que ne cognoissons & que deuōs nous faire de ceux qui nous sont presens, & que cognoissons de cōuersacion? Quelques vns bien estimez dient, qu'on aquiert grāde beneuolence en inuitant aultruy, & mesmemēt les estrangers: pour ce que c'est chose fort honorable veoir les palais des hommes dignes, patens, & ouuertz aux estrangers: & d'auantage il en procede vtilité à qui desire estre cogneu, & auoir credit es nations estranges, & la ville en receoit grande reputation. Lon dict qu'en vn festin il ny doibt auoir moins de trois en table, ny plus de neuf: pource qu'en moindre nombre la conuiuialle conionction ne se peult communiquer, & au grand ne se peuuent conuenir ensemble es mesmes intentions & mesmes propos: parquoy estans diuisez entre eux, il s'en engendre diuers propos & passetemps: & partant confusion. Tout conuy approuué requiert en soy cinq parties, assauoir nōbre mesuré, personnes bien conuenables, lieu propre, temps cōmode, & apareil non reprehēsible. Les conuiez n'vsent

Conuy.

n'vsent de paraboles, ne soient, aussi muetz, ains parlent moderément. L'on dit n'estre couenable d'y parler de choses subtiles douteuses, ou difficiles, ains ioyeuses, plaisantes & vtiles, auec recreation. La seconde partie requise à qui desire gloire, est d'estre reputé homme de foy: chose qui facilement auiendra si la vie & les complections sont telles que meritoirement soient reputées bonnes. Nous adioustons communémēt foy à ceux que nous estimons entēdre plus que nous mesmes, & que cognoissons prudentz sur tous autres pour pourueoir aux futurs inconueniés, & selon l'oportunité choisir le conseil plus aprouué. A la foy de telz personnages (pourueu toutesfoys qu'ilz soient reputez si iustes qu'iniure ou fraude ne leur puisse estre imposée) se commettent les facultez, les personnes, la propre famille, & le salut vniuersel de toute la patrie. Au rebours quand la malice, l'esprit & l'astuce de quelqu'vn ne sont estimez bons, rien n'est plus contraire au gain de la foy, ny plus apte à la haine & suspicion du peuple. Qui desire auoir la foy ne face finesse, sinon qu'apres son experience il fust cogneu parfait en bonté. Le troisiesme lieu ou nous mettions la vraye gloire estoit à estre en admiration estimé vaillant & digne de honneur plus que les autres. Ceux qui font ou dient choses inusitées, grandes & hors l'opinion commune des autres hommes sont prisez & estimez auec admiracion. Les faictz singuliers esleuent grandemēt la reputation, & rendēt les hommes

mes glorieux & admirables:& au contraire sont mesprisez ceulx qui n'ont courage, vertu, ny vigueur, ains pluftost vne feminine foyblesse, sans exercice, induftrie & follicitude, & qui ne sont comme lon dit bons pour eulx ny pour autruy. Ceux la sont admirables qui se adextriffent & auancent en vertu, & ont moins de vices que les autres, ains en refiftant aux plaifirs efquelz la plufgrande part des hommes encourent vicieufement & deuiennent serfz, ny ne s'eftonnans es douleurs ny es honneftes perilz, mesprifent par raifon la vie, la mort, les richeffes, la pauureté, les eftatz, les banniffemens, l'ire, l'amytié, la hayne, & autres telles pafsions qui efmeuuent grandement les autres hommes conftans & fermes, adminiftrent le deuoir a
Socrates. chacun, font beneuolles & bienfaifans outre la commune opinion. Socrates difoit, ceft le vray chemin pour acquerir gloire, que de faire cela pourquoy on feroit tel que lon voudroit bien reffembler. Celuy qui auec fainéte aparence, parolles fimulées, & non vraye oftentation eftime acquerir gloire ftable eft en erreur, pource que chofe fainte ou fimulée ne peult eftre durable. Plufieurs exemples parlans de gloire le demonftrent, comme on peult veoir es illuftres anticques, en plufieurs Philofophes, Empereurs & ciuilz, lefquelz ayans faict chofes trefdignes ont laiffé d'eulx excellente renommée, qui encores dure & auec le monde durera. Autres cherchās gloire fouz fainte efpece, lont

en

en brief temps trouuée vaine & conuertie en vituperable infamie. Ceux donc qui defirent la vraye gloire la chercheront auec bonnes artz, exerceront iuftice, viuront modeftement, & feront temperez, en forte qu'ilz puiffent meritoirement acquerir beneuolence & pareille amytié. Leurs deuiz foient propres, & toufiours preftz a deffendre & excufer les erreurs d'autruy, les iugeans en la meilleure partie, & se môftrans toufiours plus voluntaires a deffendre qu'a condamner : & quand encor le cas auiendroit de faire quelque punition, ilz donneront à cognoiftre qu'ilz y font contraintz & ont defplaifir du mal fait. La bonté eft fur toutes chofes trefpropre à la gloire, à laquelle eftant cogneuë fert encor l'eloquence, le beau parler, & s'entremettre de deffendre la patrie & les amys: Les auditeurs s'efmerueillent de tel homme, les amys en efperent faueur, les fouftenuz luy en fçauent graces, & chacun efpere en luy, quand feulement il s'ingere de parler, en forte que meritoirement il prefte ayde a plufieurs fans nuyre à aucun. Seroit grande folie de pratiquer à fon intereft defauantage, l'eloquence donnée par nature aux hommes pour leur deffence & falut. La vraye gloire en effet foit cherchée auec bonnes operations & finguliers faitz, afin d'aquerir beneuolence, eftime & reputation de chofes honeftes, & fembler admirable à la commune. Du premier lieu ou nous mifmes les chofes qui de leur propre nature font bonnes & donnent

proffit

Santé. proffit & vtilité, reste seulement à parler de santé. Il suffira donc de dire peu, veu que chacun sçait assez qu'elle est bonne & vtile, & tout sain entendement doit cognoistre ce qui luy est nuysible ou qui le conserue sain, & le cognoissant luy touche iusques au vif d'y pouruoir. A celuy qui par sa faulte (ne donnant ordre a ses necessitez) feroit chose contre sa complexion, tout l'enseignement que pourrions donner seroit superflu. La premiere diligence de celuy qui veult estre sain gist à cognoistre sa nature, & en ses exercices fuyr ce qui luy est nuysible & sen garder, vser des viandes & de la vie qui plus le conserue sain, se trauailler, reposer, & dormir quand il en est besoing: se donner garde que les plaisirs, apetitz & volontez, ne nous facet entrer en desordre qui apres nous soit preiudiciable, & par lequel nous corrompions nostre nature deuenans debilles du corps & aussi que par habitude formée ne soyons corrompuz & vicieux de l'entendement, comme plusieurs que nous voyons chacun iour, mesmement par luxure & gloutonie. Si donc nous faisons nostre deuoir, il nous fault esperer la grace de Dieu, cherchant neantmoins ayde à noz necessitez auecq' la faueur & conseil des medecins à la science desquelz apartient reduire & conseruer la santé. Maintenant suyuant nostre ordre de l'vtilité assauoir ce que deuons fuyure es choses qui sont cherchées comme vtiles. Nous dirons que pour principale ocasion

esquelles

d'icelles les deniers & finances sont cherchées, esquelles est expressémēt requis obseruer deux formes. En premier lieu, les aquerir vertueusement, puis les conferer en vsage auec profit & iuste ordre. Les richesses peuuent estre iugées vaines & de nulle valleur, si comme mortes elles sont recluses sans en vser en chose proffitable, & pour nostre vie. C'est encores pis les employer en exercices & artz seruiles selon l'vsage de plusieurs qui estans riches en vsent si mecaniquement en leurs affaires, que pluſtoſt semblent nez pour augmēter les richesses que pour se secourir d'elles en leurs propres affaires. Ceux cy espargnās l'auoir, dont ilz pourroient moderéemēt vser sont miserables en vne abōdante richesse, & defaillent du necessaire nourrissemēt de leur nature, & de l'autre costé sont si solliciteux à acquerir, que sans blasme ilz peuuent estre nommez serfz des richesses. Telles gens sont en leurs faictz particuliers & en leurs exercices totallement serfz & auaricieux. Quād en commun ilz ne nuysent point par violence ilz sont vtiles, pour ce que se trauaillans ilz dōnent profit à plusieurs, & amassent les richesses, desquelles la patrie reçoit commodité en ses afaires. L'argent de soy n'aporte aucun profict, ny ne sont mis absolumēt en vsage pour aucun besoing de vie, ains ont esté seulement trouuez pour vn moyen fort propre à acheter tout ce dont nous auons besoing: pour ce que si la varieté & multitude des choses que nous vsons e-

Deniers

O   ſtoient

stoient esgalles, les deniers seroient superfluz, mais l'inegalité des choses les a faict trouuer, à fin qu'auec iceulx soit equipolée la difference de ce dont on a necessité. Aux premiers ans du monde, & au parauant que Ianus fust en Italie, à sçauoir auant que Saturne, nauigant en nostre region, se retirast auecques luy, les deniers ne estoient point encor en vsage, ains les hommes contens de peu de chose, & sans loix viuoient de pommes & autres fruictz volontairement produictz par la terre abondante, personne n'auoit propres possessions, nul ne semoit, ny faisoit exercices, qui rendissent la vie plus delicate: mais seulement contens pour leur necessité naturelle, ilz auoient besoin de peu de chose. En ceste simple vie non ignorans que cestoit d'argent se reposoient, contens en bonne paix. S'ilz auoiēt aucunesfoys besoing des choses d'autruy, qui estoient petites veu la forme de leur vie, ilz les demandoient encores qu'elles fussent possedées d'vn particulier, & elles leur estoient amyablement données: ou bien eschangeoient vne chose auec l'autre, sans regarder si l'vne estoit meilleure que l'autre: car ilz ne pensoient à l'vtilité, ny à l'auarice. Durant ce viure si content & pacificque, suruint Saturne, qui nauigant de Crete en Italie, s'allia auec Ianus, lequel par la volontaire election des paisans gouuernoit plus tost l'Italie qui ne la dominoit. Saturne homme prudent & vertueusement exercité en diuerses operations, donna plusieurs enseignemens, tāt

Ianus. Saturne.

Vie des anciens.

Crete maintenant Candie.

pour

DE LA VIE CIVILE. 108

pour se rendre aggreable à Ianus, comme pour l'vtilité de reduyre leur vie a moyen plus honneste. Il leur enseigna premierement à semer, recueillir, & assaisonner les fruictz, retenir les païs abondans, & cultiuer: depuis lequel temps commencerent à cuyre & à sauourer les viandes, faire du pain, & viure comme hommes: Ceux qui auoiēt ensemblémēt pris la peine de recueillir les fruictz prindrent conuersacion ensemble pour l'vsage d'iceux. Au moyen dequoy apres les edifices des petites habitatiōs peu à peu augmentées & rengées ensemble, les bourgades eurent leur commencement, & fut faicte à chacun la diuision propre des possessions particulierement labourées, tellemēt que de la cognoissance de telle commodité, proceda le desir de vouloir ce qui estoit à autruy. Les artz commencerent à s'augmenter, & qui plus se trauailloit en vouloit auoir le profit: parquoy n'estans plus si promdtz à donner comme ilz auoient accoustumé, quand ilz en estoient requis, & ayans necessité de plus de choses qu'au parauant, ilz receuoient souuent des incommoditez, non seulement en grandes choses, mais encores en petites. Ilz souloient faire eschanges, mais considerant chacun sa propre vtilité, ilz s'acordoient dificilement, pour ce que le cordonnier voulant vendre toute sa marchandise, ne trouuoit qui eust besoing de tant de souliers. Celluy qui vouloit vēdre ses terres, ou sa maison à vn chaussetier n'auoit besoing de tant de chausses. Voy-

Saturné premier iuuēteur de cultiuer la terre

Premieres habitations.

O ii la

là pourquoy les monnoyes furent inuentées, à fin qu'en tout ce qui seroit eschangé se trouuast mesuré, & moyen propre à commuer les choses grandes auec les petites. Saturne fut le premier qui fist forger monnoye en Italie, en laquelle selon ce que pouuons auoir de certaine memoire il feit imprimer d'vn costé la teste de Ianus, & en l'autre vne nef à la similitude de celle qu'il auoit amenée de Crete en Italie.

Saturne premier inuenteur des monnoyes.

En celà me semble noter pour chose admirable que les ieux, exercices, & les meurs des hommes furent tousiours pour la pluspart semblables: veu qu'auec ceste premiere monnoye les petitz enfans commencerent à iouer, & la tournoyás hault en l'air crioient teste ou nef, tout ainsi que maintenant on demáde croix ou pille, Il se trouue que les anciens vsoient en plusieurs lieux les mesmes ieux, parolles, & meurs que à present nous retenós. En Horace le sort se iecte à pluye ou beau temps. Plaute tresancien sur tous autres ayans escript en langue Latine, respond à vn qui luy disoit n'auoir argent, va vendre de l'huille. L'on trouue qu'en plusieurs lieux les anciens ont ioué aux noix, aux cornes, au per, & non. Aussi en Perse les serpens sont figurez en paincture contre les mors pour faire paour aux enfans allans vriner ou decharger le ventre. Et pour ce qu'à present nostre matiere ne requiert proceder plus oultre, retournons au premier propos. Or à cause de tant & telles commoditez, Saturne sembla en ce téps là auoir esté en-

Inuention des ieux.

Horace. Plaute.

Perse.

uoyé

uoyé du ciel pour annoblir la vie humaine : au moyen dequoy, apres sa mort il a esté par plusieurs siecles adoré pour pere celeste. Apres vint le temps, auquel les hommes se reduysans chacun iour ensemble, donnerent commencement au desir, à l'auarice, & aux appetitz desordonnez qui fut cause de faire edifier premierement les chasteaux, puis les villes pour resister aux iniures les vns des autres. Esquelles, ont esté trounées innumerables artz pour ayder partie à la necessité, & la plusgrande partie aux humains appetitz: & en icelles estant tousiours augmenté le desir d'amasser deniers, l'vsage c'est corrompu : parquoy il est maintenant suiuy, & cherché auec iniure & auarice. Pour monstrer tout ce qui est conuenable, nous disons que les deniers se doibuent principallement prendre des fruictz ordonnez par nature, & qui prouiennent de la propre substance de l'homme, car en faisant ainsi nul ne reçoit iniure. Il ny a point de blasme à amplifier & augmenter ses propres substances, auec les exercices & artz non nuysibles à personne : mais tousiours auarice doibt estre euitée, veu qu'elle est de si mauuaise nature que souuent elle gaste & rend serfz & effeminez les courages qui sans icelle seroiét puissantz & aptes à toutes vertuz, & iamais n'est assouuie pour abondance qu'elle ayt, ains croist continuellement, d'autant que les substances sont plus grandes. Il fault que l'auaricieux qui se veult faire riche en peu de temps, prenne par

Saturne adoré pour pere celeste.

Commencement des vices.

Auarice.

O iii tout

tout sans raison ny moyen. La reuerence, la honte, ny la crainte, n'ont aucune puissance sur l'auaricieux qui se haste d'enrichir: pour ce que il veult retirer profit de toute chose possible, di-

Prouerbe. sant par Prouerbe. C'est le tout que d'en auoir, car personne ne s'enquiert ou tu l'as eu. Ainsi les auaricieux acquerans tousiours, viuent comme serfz & miserables pour mourir riches. Voilà donc la verification de la sentence de ceulx

Sentence. qui disoient: Ceux qui se contentent de peu que ilz ont, sont plus riches, que les riches, qui vaincuz de leur desir se trauaillent iournellement pour multiplier leurs richesses. Alexandre grãd Empereur, trouuant Diogenes trespauure Phi-

Alexãdre le grand. Diogenes losophe, luy voulut donner beaucoup de biens que Diogenes refusa, remerciant Dieu de l'auoir faict de tel courage, que les choses dont il n'auoit besoing luy estoient autant que celles dont tous les autres hommes disoient auoir necesité, & luy non, Alexandre luy respondit, tu es beaucoup plus heureux que moy, qui me efforce d'obtenir l'empire de tout le monde. Soit doncques l'appetit des richesses temperé, & soiet cherchées es choses qui ne sont sales ny ordes, puis conseruées, & augmentées auecq' diligence, nous eslongnans des despences non necessaires, partie desquelles ont esté commodément par nous declairées au traicté de liberalité. En les delaissant doncq' pour ceste heure, nous passerons aux possesios immeubles, dont nous auons deux especes, l'vne dans la ville en
mai-

DE LA VIE CIVILE.

maisons, bouticques & autres lieux qu'on baille à louage à d'autres pour en retirer proffit. Ces biens sont au nombre des fruictz non produictz naturellement, sans prendre & oster ceux des autres: parquoy ce ne sont fruictz acquiz de nouueau: ains nous sont legitimement permutez par d'autres, auec vne seule conuention. Telz fruictz n'augmentent rien en la ville, ny pour celà les facultez vniuerselles de tout le corps public n'en sont point plus grandes, mais seulement permutent les deniers qui ont esté possedez, & les transportent à diuers possesseurs. A ceux cy n'eschet point d'enseignement pour ce qu'ilz sont seulemēt soubmis aux loix, coustumes, & statutz de la ville. Restent les possessions fruictieres, abondantes & pleines de toutes noz necesitez, lesquelles possessiōs fertillement multipliées produysent fruictz par la fecondité de la terre, de laquelle procede tout nourrissement & ornement de la generation humaine: & est seule celle d'ou les hommes retirent tout subside necessaire à leur viure. C'est pourquoy la terre est appellée mere de tous les viuans: car comme la mere allaicte & nourrist ses enfans, aussi la terre nourrist & gouuerne toute chose ayant vie. Entre tous les exercices des hommes, nul ne va deuant l'agriculture, qui semble certes inuentée par nature sans violence ou iniure: & sans prendre rien de l'autruy correspond abondamment, & est tant vtille aux hommes, que sans icelle toute autre art seroit

Choses immeubles.

Terre.

O iiii   nulle

nulle, & la vie humaine grofsiere & beftialle. On ne pourroit trop parler d'vne art fi digne, fructueufe, innocente, & bien faifante: car il feroit impofsible la louer felon fon merite auec l'humaine voix, ny fes enfeignemens ne fe pourroient finir en beaucoup d'efcriture, & ferions à bon droict repris, fi en tractant de la vie ciuile nous voulions demonftrer les villageois & champeftres exercices. Laiffons doncq' le moyen d'eftre & cognoiftre les champs plus fertilles; & comment & quand il les fault labourer: en quelles fituations, pour quelles ocafiōs & en quelles efpeces de terres, les bledz, les legumages, les iardinages, les vignes, les oliuiers & autres arbres font plus cōuenables, qu'en plufieurs autres lieux. Laiffons comment fe doiuent edifier les granges, les eftables, & autres edifices à tenir, les bledz, vins, & huylles & quelles efpeces de beftail font requifes, comment on doit cognoiftre les meilleurs aigneaux, les gouuerner, & rendre vtilles, & maintes autres difciplines châpeftres, & feulement admonneftons noz ciuilz que de tous les fruictz venans aux hōmes ny en a point de plus naturelz, plus grandz, meilleurs ny plus honneftes, fans iniures ne violence que les produictz es bourgades efquelles le paifant premierement s'efforce d'auoir bons ouuriers, auec competante famille & beftail felon l'eftendue du lieu. Marc Varron dict que anciennement les cytoyens auoient accouftumé faire labourer les terres par leurs ferfz, ferues,

Marc Varron.

ues, & propres enfans. Auiourd'huy en Italie telle couſtume eſt du tout perdue, & s'eſt on reduict à deux manieres de labourer: aſſauoir, auec laboureurs libres retirás portion des fruictz ou bien auecq ouuriers mercennaires pris à la iournée. On doibt bien regarder en ceulx cy que la deſpence n'excede l'œuure, car on dict qu'il fault arracher la vigne qui ne rend point vne certaine quantité de vin pour les façons, pour ce que rendant moins elle deuore tout son fruict en deſpence, & auſsi à eſlire laboureurs & iournaliers bien praticqs pour labourer es lieux ou ilz ſont employez. Et en la famille ſoit vn pere ancien par experience, bien entendu es exercices & artz champeſtres: celuy qui ſera ieune & puiſſant, doibt touſiours trauailler, l'vn aura la ſollicitude du beſtail, l'autre ſera bon ouurier à tailler boys neceſſaire, en l'vſage de l'agriculture. Touſiours ſoit vn ſuperintendant ſur les ouuriers, par ce que de nature chaſcun ſe treuue tardif aux affaires d'autruy: auſsi nul n'eſt ſi prompt aux ſollicitudes eſtrangeres, comme es ſiennes propres, & ſoit le maiſtre & ſeigneur des terres preſent, donnāt ordre à la ſollicitude de ceulx qui trauaillent. Si toutefoys il eſtoit de telle qualité qu'il n'y peut entendre, y commecte en ſon lieu aultres expertz: ayant neantmoins en memoire que Libius enquis qui engreſſoit les terres, reſpondit, les pas du maiſtre. Auſsi Perſia enquis qui maintenoit gras le cheual, reſpondit, les yeulx de

Famille champeſtre

Libius. Perſian.

celuy

celluy à qui il est. Les maistres & seigneurs principaulx des choses doibuent tousiours estre diligens & soigneux, pour ce que les paresseux ne font iamais leurs seruiteurs bons & diligens, & sans l'ordre du maistre les possessions ne seront iamais bien cultiuées. On dict en prouerbe: mal heureux est l'auoir, que le maistre ne voit. Les Romains prouuerent tellement au gouuernement des possessions & heritages que si les possesseurs & detempteurs des choses immeubles tenoient leurs terres, vignes, & arbres sans semer, cultiuer & entretenir en bon ordre, s'ilz ne auoient iuste empeschement, ilz estoient souzmis aux censeurs, & contraintz à conseruer les lieux fruytiers; pour ce que sur toutes autres honnestetez vtiles, ilz estimoient ceste là treslouable, fructueuse, & pleine de delectation. Le demourer aux champs exercite les hōmes, multiplie les fruictz, donne abōdance de bledz, augmente les vendanges & amplifie les troppeaux de menu bestail, remplist l'hostel d'huile, de boys & de fruictz, donne le porceau, le cheureau l'aigneau, les polletz, le laict la chasse, & encores auec le iardin, compose toute la maison, & faict que la famille reçoit abōdamment tout ce qui luy est necessaire. Les villages sont tous bons, fertilles, fructueux, delectables, honnestes, naturelz, & dignes de tout homme de bien & libre. Plusieurs excellens personnages s'y sont retirez apres leurs illustres faictz & œuures humaines meritans gloire eternelle. A telle vie

Prouerbe

Ordonnā-ce Romai-ne sur le faict des possesseurs.

Vtilité des villages.

se

se retira Marc Curio, apres deux tresfingu- *Marc Curio.*
liers triumphes, l'vn des Samutes, & l'autre du *Samutes.*
Roy Pirrhus, renonçant plusieurs thresors &
richesses, & disant luy estre assez d'auoir en sa
ieunesse par ses vertuz vaincu pour sa Republic
que ceux qui possedoient les richesses, & maintenant en sa vieillesse luy suffisoit sa possession,
à bien & honestement viure. Pour ne prolon-
ger nostre propos en ceste matiere nous ne parlerons point de Cincinat, de Marc Valere Cor-
uin, ny de plusieurs autres hommes priuez, lesquelz furent tresvaillans & nobles de consulz
& dictateurs en Rome, ce neámoins ilz s'exerci
toient es ouurages champestres, & pour leur re- *Cyrus roy*
pos du gouuernement public se retiroient aux *de perse.*
champs à cultiuer la terre. Cyrus Roy de Perse
ne doit estre delaissé en cest endroict, tant pour
sa puissance que pour l'excellence de son esprit
car il prenoit si grand plaisir en la veuë des
champs bien cultiuez que souuentesfoys des-
pouillant sa robe de pourpre & autres habitz
royaux, enrichiz d'or & pierres precieuses à la
coustume persique s'exercitoit à cultiuer ses iardins, & il y prenoit tel plaisir, que venant
vers luy Lysander Lacedemonien, homme ver
tueux sage & d'auctorité accomplie luy presen- *Lysander*
ter certains dons publicz à luy enuoyez par les *Lacede-*
Lacedemoniens fut honorablement receu, puis *monien.*
luy auoir esté mostré plusieurs choses nobles &
precieuses le mena en vn iardin autant bien &
diligemment composé d'arbres plantez selon
ordre

ordre & mesure qu'il seroit possible ymaginer Lisandre s'esmerueillant de la grandeur & reigle des arbres composée auec droicte mesure ordonnez & entrelassez de delectable varieté d'arbres fruytiers, & d'auantage de la terre si bien ordonnée, & de la suauité de l'odeur respirans de diuerses fleurs, demanda qui conduisoit telz iardins en si grand ordre, disant que la diligence de tel laboureur estoit grandement louable. Cyrus respondit, tout cest ordre est composé de moy, & grande partie de ces fruictz ont esté de ma propre main semez, antez & transportez de lieu en autre. Alors Lisandre luy dict: Cyrus à bonne raison tu es reputé bien heureux, puis que fortune à conioint ta vertu, ton empire, & ta gloire à la liberté de tes honnestes plaisirs. Si doncques l'vtilité de la terre est si grande, naturelle, honneste, delectable à tout aage, & digne de tout homme honorable, elle doibt estre louée, maintenuë & esleuë auant tout autre fruict à fin de ne faire aucun tort ou iniure, qui est bien dificile à euiter en tout autre exercice tendant à profit. Reste maintenant à parler des serfz & mercennaires des artz mecaniques qui tant dehors que dedans la ville sont (non sans occasion) nommez entre les ciuiles vtilitez La plus grande partie des richesses Rommaines consistoit es serfz, estant leur coustume d'en achepter beaucoup, & valloient autant que le meritoit le mestier qu'ilz faisoient: puis auoient certains cloistres ou parcz, cloz & enuironnez

de

de murailles, ou ilz tenoient leurs serfz, & les faisoiét trauailler de diuers mestiers, faisant seulement leur despence: & de leurs ouurages conuertiz en autres marchandises, receuoient grande vtilité. Mais ce seroit chose superflue de en parler d'auātage, à present veu qu'ilz ne sont pl9 en vsage entre chrestiés. En nostre téps nous payōs à prix certain l'ouurage & le téps de ceux qui trauaillent pour nous. Es ouuriers s'obserue iuste moyen commandant choses iustes & conuenables à la personne seruant, car nous sauons que iustice est tant estédue en chacun que iusques aux dernieres conditions des seruiteurs elle veult estre obseruée. Des trois parties esquelles nous diuisasmes nostre vtilité (parlant en priué) nous resteroit à en parler d'vne seulement, auant que traicter de l'vtilité publicque: & ceste là seroit employée à reciter la commodité & decoration de l'illustre vie, en quoy sont compris les palais magnificques, les publicz edifices, les abondans vtancilles, les familles, cheuaulx, & autres choses desirées & tenuës plustost pour decorer la vie que pour nostre necessité. Telles choses encores qu'elles soient faictes par les particuliers, ce neantmoins pour ce qu'elles sont propres à l'aornemēt vniuersel de la cité & font la beauté ciuile, de laquelle suyt augmentation, estime, & vtilité publicque, elles se doibuent traicter plustost en l'vtilité commune qu'entre les commoditez priuées: parquoy en y mettant fin, nous parlerons des communes vtilitez, assa-

uoir

Vtilité cõ- uoir de celles qui appartiennent au corps vni-
mune. uerfel de la ville & de toute la Republique. Il
y a deux principalles commoditez, aufquelles
les magiftratz & les citoyens priuez represen-
tans les eftatz d'vne ville libre doibuent dreffer
toutes leurs œuures: premierement, à l'vtilité
vniuerfelle, puis à l'ornement & amplitude des
magnificences ciuiles. L'vtilité contient deux
parties, affauoir la vraye liberté, qui n'a en foy
aucune partie subgecte puis l'habondante ri-
cheffe. Ces deux procedent s'augmétent, & font
conferuées de plufieurs endroictz, tant de de-
dás que de dehors. Quant eft du dehors ce font
les terres abondantes & fertiles efquelles, quãd
les aptitudes correfpondent, fault entendre à
les meliorer, à fin qu'elles foient fecondes. Pour
à quoy pourueoir chacun foit admonnefté de
conferuer les bons ouuriers & laboureurs expers, cóme eftans le neceffaire & principal mem-
Vtilité des bre. Les portz maritimes, où pour le moins des
portz. fleuues nauigables rendent fi grand profict, que
à bien grand peine vne ville, peut demeurer excellente fans iceux. Pour ce que les vtilitez de
dehors procedent des marchandifes, & l'eftat de
marchandife n'eft pas ayfément traficqué fans
port: tellement que là ou les portz defaillent, à
bien grand peine & à peu de profict, fe peuuent
tranfporter les chofes abondantes, & y amener
celles dont lon a neceffité: auffi la longue voi-
ture requiert trop grande defpence, ainfi la ville fans port ne peult eftre profitable ny opulen-
te

te vniuersellement. Si on postposoit l'vtilité, ne cherchant que l'excellence, la renommée, & l'aplitude. On cognoistroit que quād les portz defaillent, aussi default tout faict singulier & tout passage du monde est cloz, à cause de l'incomparable longitude des lieux les vns des autres. L'experience mere de toutes choses, & la longueur des temps, ont monstré, que nulle ville n'a iamais esté reputée noble, s'il n'y auoit vn port voysin. Parquoy s'est trouué que plusieurs peuples ont manuëllement, & auecq' art & industrie fait par canal des portz, en desbouchant les lacz & sources, & destournant les riuieres, & faisant vauguer leurs marchādises auec moindres vaisseaux, iusques aux endroitz de forte nauigacion. Les portz rendent grande vtilité, quand ilz sont frequentez, & pour ce on doibt songneusement preparer l'habondance de nauires & multitude des nauigans, à fin que par telle commodité s'augmente le bien public. L'on comprend aux vtilitez publicques pour le commun repos de ceux qui s'exercent & donnent profict aux autres, les compagnies, beneuolences, & conionctions des seigneuries & puissances tant voysines, que loingtaines, lesquelles auec toute industrie doibuent estre cherchées, & inuiolablement maintenuës. Les hommes adonnez aux armes, sont pour ceste mesme cause tresvtilles & necessaires, & tousiours l'art militaire doibt estre suiuye, à fin que la reputation publicque soit conseruée, & ne reçoide iniure. Quelz ilz doibuent estre, nous l'auons dict au liure precedent, en parlant de l'exercice de guerre. Parquoy ie veux dire seulement vn mot de ceste vulgaire question en laquelle on demande quelz exercites sont meilleurs, ou ceux des soldatz, mercennaires & leuez à la soulde, ou bien ceux des propres citoyens r'alliez ensemble: pour l'vne ou l'autre partie se pourroient alleguer plusieurs raisons & deffences, mais l'effect est qu'en tous les siecles passez, ne se treuue aucune ville estre deuenuë digne de louange, sinon auec la vertu & propres armes de ses subiectz. Les citoyens sont ceux qui desirent l'honneur, la gloire, la reputation & l'abondant empire de leur ville. Les citoyens desirent la conseruation, le salut, l'estat, & maintien de tout leur bien: & quand il en est besoin cherchent la paix, la tranquillité, & le repos d'eulx, de leurs femmes, de leurs enfans, & de tous leurs affaires. Les soldatz mercennaires preferent leur soulde à leur propre hōneur, & l'ayment sur tout, & n'estiment gueres plus le territoire des amys, que celuy des ennemys, ilz fuyent les perilz, n'ayantz cure, ny sollicitude du salut, profict & vtilité de celuy qui les paye, l'habandonnent souuent, quand ilz trouuent qui leur baille meilleure soulde, s'ilz perdent l'amy, ilz en cherchent incontinent vn autre: brief, pour ce qu'ilz n'ont autre estat & proffict que la suitte des guerres & y acquierent dignité & reputation, ilz la desirent tousiours. Les anci-

Citoyens.

Soldatz mercēnaires.

anciens ne menoiét pas souuent les soldatz mercennaires aux champs, sinon contrainctz pour les griefz dommages receuz, ou de crainctε de tresgrand peril, ains auec leurs propres citoyens faisoient les grandes entreprises conquerroient plusieurs prouinces, & nations, comme se peut veoir des Romains, Carthaginiens, Atheniens & plusieurs autres, & semblablement en nostre ville quasi tout ce qui est possedé fut cõquis, auec les propres mains de noz predecesseurs.
Lon estime dãgereux en vne ville auoir citoyés puissans & expers en armes. Et cela semble vray semblable à la multitude des espritz debilles, non cognoissans que la nature de toutes choses humaines est subgecte à estre diuersement ordonnée, & souz mise à diuers cas, pour ce que les faictz grandz, singuliers, & dignes de memoire, ne furent onc, & ne seront faictz sans peril. Lon doibt en cela seulement auoir recours à Dieu, & le prier qu'il permette la puissance es bons aussi long temps, comme nous desirons que la ville demoure heureuse: sachant que toutes & quantesfoys que la puissance fera mise es mains des meschans, ilz feront tousiours nuysibles & dommageables en quelque exercice qu'ilz soient adonnez. Entre soldatz seront tousiours conseruez ceux qui en temps de paix, sont profitables à tous en quelque chose. A ces vtilitez de dehors, doibuent correspondre plusieurs autres dans les villes, & celuy qui desire l'vtilité publicque y doit regarder diligemmét.

P   Sauoir

Sauoir est en premier lieu que le peuple soit a-
bondamment conioinct ensemble, en amour,
beneuolence, & dilection populaire: d'auantage que les exercices & artz mecanicques soient
multipliez, en sorte que tout le vulgaire, & la
basse partie du peuple se trauaille au profict publicq', Et s'il se trouuoit quelque ocieux qui fist
ennuy & dommage à la ville, sans iuste occasion, soit contrainct à l'œuure, ou bien chasse
dehors, à fin que par la purgation des hommes
dommageables & inutiles, chascun s'efforce de
bien faire: reseruant tousiours la faueur publicq-
que à tous les espritz esleuez, quelz qu'ilz soiẽt,
à fin que par ce moyen ilz puissent deuenir dignes. Entre les artz & mestiers ceulx qui nuysent à autruy sont deshonnestes, inutiles aux
meurs des hõmes & ministres de plaisir non necessaire: cõme tauernes, cuysiniers, escolles de
dãces, ou autres lasciuitez, & de tous ieux de dez
Soient aussi regettées les artz oysiues aux hommes, mesmes celles qui desirent trop le biẽ
d'autruy: comme les vsures, achapteurs de ren-
tes publicques, exacteurs, espies, & autres semblables reprouuez & meschantes. Toutes les
artz mercennaires sont seruiles, mesmes celles
qui vendent l'œuure, & non l'industrie de
l'art, & pour vil prix vend la propre liberté.
Les artz de ceux qui achaptent des marchans,
pour incontinent reuendre auecq profict, sont
encor seruiles & demonstre grande auarice.
Quand la marchandise est pauure & petite, elle

Ce qu'on doibt re- garder dans la ci- té.

Artz des- honnestes

Vsure.

le est à la verité vile & non liberale: Mais elle est grande, enuoyant & conduysant en plusieurs lieux auec abondance de diuerses choses, qui puis apres sont venduës sans auarice, elle merite louange: pourueu qu'estant auecq' le temps, ressasiée de profict, elle confere à autruy selon le besoin, les deniers espargnez. Mais sur toutes les artz sont louées & estimées celles en qui sont obseruées l'industrie & prudence, & ou l'esprit est repeu d'honneste recreation, comme de medecine, loix, architecture, sculpture, & toute autre doctrine de chose louable & honneste. La fin touteffoys est, que sur toutes les artz, desquelles se retire fruict, nulle se pourroit estimer plus naturelle, plus necessaire ne meilleure, que l'agriculture, dont nous auons parlé. Les richesses particulieres doibuent premierement estre cherchées pour subuenir à l'vsage necessaire de la vie, puis augmentées pour en icelles prendre commodité d'honnestes delectations. Parquoy ceulx qui auront le cœur plus franc, desireront les facultez plus abondantes, à fin qu'ilz puissent estre liberaux dispensateurs d'icelles, & les conferer pour acquerir louange & beneuolence Pour ceste cause on cherche les magnifiques appareilz, & la vie apparente auec abondance, qui tousiours desire la cupidité & le desir des richesses, lesquelles estans cherchées, en sorte qu'elles ne soient nuysibles au publicq' ny au priué, meritent faueur & subside, iusques à raisonnable mesure: mais si en singulier elles passent le

Richesses particulieres.

P ii   moyen

moyen, elles doibuent estre desprisées, & plustost conferées en public, que laissées en priué: à fin que des fruictz les exercites soient nourriz. Entre le bas populaire, suffise seulement le viure quotidian, qu'ilz meritent iour apres autre par leurs artz & mestiers. En la partie du peuple plus choysie, les grandes richesses rendent la ville abondante & copieuse, oultre que par diuers moyens, elles conduisent tresgrandz vtilitez. Entre ces prouisions (la plusgrande partie desquelles doibuent estre conduictes subtilement, & en secret) sont meslées autres vtilitez qui en public se doiuent exercer par les gouuerneurs, & consistent en l'obseruance des loix, qui doibuent tellement estre obseruées que les bons soient cogneuz plus aymez, & meriter meilleure recompence, & les meschans retenuz en hayne & raisonnablement puniz. Et comme le salaire ne se doibt conferer par amytié, ains par la vertu operante, aussi la peine soit donnée aux mauuais, non par hayne, mais à cause du peché. Tout enseignement, correction ou tourment doibt estre sans iniure, & seulement administré à la conseruation de l'vtilité publique: & doibt on bien consideréement regarder que la peine ne soit plusgrand que le peché: & sur tout que pour mesmes ocasions les vns ne soiét asprement puniz: & les autres non seulement appellez en iugement, en quoy souuent se commet erreur contre la vie ciuile. Parquoy se dict en cõmun prouerbe: Les loix sont faictes pour
ceulx

ceulx qui ont peu de puiſſance. Et plus ancien fut ce prouerbe: Les loix ſont les liens des hommes, mais les Geantz les briſent. Pour punir fault touſiours fuyr ire, hayne, amytié, & toute autre paſſion: pour ce que le paſſionné qui ſe ingerera de iuger, n'obſeruera iamais la mediocrité d'entre le peu & l'aſſez, expreſſément approuuée des Peripateticiens. Comme les loix ſont eſcriptes, auſſi les gouuerneurs des Republicques doibuent eſtre inſtituez, aſſauoir non par paſſion, ains par equité & deuoir. Nous auons deux cauſes, pour leſquelles Platon dict, les pechez debuoir eſtre puniz. *Peripateticiens phi loſophes.* *Platon.*

La premiere pour amender celluy qui a failly, à ce que pour l'aduenir ſoit plus ſage, & ſe garde de retourner au peché. La ſeconde, à fin que par exemple de telle peine les autres ſe gardent du peché, & ne facent iniure au prochain. Ciceron dit apres Platon: Il ne ſuffit à celluy qui a offencé de ſe repentir de l'offence, ains doibt eſtre puny, à fin que pour l'aduenir il ne face le ſemblable, & les autres ſoient plus tardifz à faire iniure. L'obſeruance des loix en chaſcune ville, eſt la premiere vtilité & ferme eſtabliſſement de tout empire, & en laquelle ſe trouue de la conſeruation commune, de toute la generation humaine. Vray eſt que ce n'eſt pas aſſez aux gouuerneurs des Republicques, d'adminiſtrer raiſon, ſelon les loix: pour ce qu'il aduient ſouuent que la condition du temps, la commodité & ſituation des lieux, & les meurs *Ciceron.*

P iii popu

populaires ont besoin de raisons particulieres: mais est besoin pour le profit de leur ville pourueoir de statutz ciuilz. On est souuentesfoys cōtrainct de muer & corriger les ordonnances passées: autresfoys y innouer, & encor les adnuller du tout comme inutiles. La loy naturelle a tousiours esté ferme & immuable cōme approuuée pour le salut vniuersel des hommes, sans que aucunement se puisse on doibue muer. La loy priuée regarde seulement à la propre vtilité de ceux qui l'ont introduicte, & se peult & doit souuentesfoys changer selon que l'oportunité le requiert. Quand les ciuilz desirans l'vtilité publique voudront escripre ordonnances communes, ou biē proceder à la reformatiō d'icelles ilz regarderont expressémět l'vtilité de la plusgrand multitude, postposant leur bien propre, & toute particuliere commodité. Certes la faute n'est pas petite en ceux qui cōstituez en hautz estatz, comme les plus dignes & meilleurs habitans pour examiner & discerner le deuoir de chacun, quelquefoys pour complaire aux amys, ou à quelque riche & puissant, & pareillement pour fuyr ire ou autre incommodité, consentent choses iniustes, disans, le iugement du peuple ne le consentira, & en auront neantmoins prins & accepté la charge, & ayans gratifié leur amy, premierement ilz defaillent de la foy qui publicquement leur a esté donnée par le peuple, exaltant les iniustes demandeurs, qui meriteroient estre refrenez, nuysent au bien
com-

commun, se font reputer iniustes, donnent mauuais exemple & nuysible, & ostent la foy que le peuple doibt prester aux magistratz, dont apres la dignité publique vient à eclipser. Entre le peuple assemblé de diuerse multitude, & en partie de vulgaire ignorāt les choses proposées sont approuuées ou empeschées pour differentes occasions à l'aduenture plustost que auecq' prudence, parquoy souuent est accepté ce qui seroit refusé, si les premiers examinateurs l'eussent ainsi approuué. Toutesfoys la charge de l'iniure demeure tousiours à ceux qui ordonnēt les premiers: pour ce que selon la sentence approuuée par les sages, il ny à cōseil, auctorité, ne iugement au commun vulgaire: toutesfoys il est conuenable d'obseruer, ce qui l'aura fait, mais non de tousiours le louer. Virgile dict que le commun vulgaire se retire tousiours au pire. D'icelluy procede l'infirme stabilité, le peu durer, & l'infinie multitude des ordonnances, qui souuent sont trouuées si contraires es villes, que meritoirement elles doibuent estre appellées plustost confusion que ordonnances. L'occasion certes procede des principaux gouuerneurs, qui se dressent plus à leurs propres commoditez ou à celles de ceux qui les requierent, que à tout le corps de la Republicque. De là vient que le corps vniuersel, sans toutesfoys y comprendre le deuier peuple de la ville, rend meilleur iugement que ne font les petitz nombres des sauans: non pas que ie dye que pour estre peu, s'ilz e-

Virgile.

P iiii   stoient

ſtoient bons citoyens ne fuſſent ſuffiſans à tout gouuernement, mais pour ce que les citoyens (auec leſquelz le plus ſouuent on eſt contraint de viure) retirez à leur propre vtilité, abandonnent les principaux membres de la ville, & peut eſtre quelquefoys toute l'vniuerſité publicque, quand ilz ſont vicieux. La multitude comprend tous les membres, & toute ciuile particularité, & bien que chaſcun ſoit diſpoſé à l'vtilité propre, & ſelon icelle donne iugement, ſ'enſuyt de neceſſité, que de la pluſgrande partie des ſingularitez ſe faict vn vniuerſel, qui eſt la commune vtilité de tout le corps de la Republicque, laquelle commodité ne peut proceder de l'eſpecialité des petitz nombres. Voy là l'ocaſion ſecrette d'ou par experience nous voyons que les gouuernemens des peuples ignorans auec le temps ſemblent bons, comme ceux des prudentz citoyens, mais la longueur de téps les laiſſe peu ſouuent proſperer. Aſſez y a d'ocaſions prenans l'vtilité du moyen des Republicques, entre leſquelles ſont treſmauuaiſes les origines faictes en la contention des honneurs, car on voit ſouuent par icelles que les plus grãdes dignitez, ſont conferées aux moins bons.

Ariſtote.
Honneur.
Certes côme dict Ariſtote, honneur eſt la vraye recompence de vertu, & ſe doibt conceder aux bons: mais le plus ſouuent il aduient, que pour ce que les bons ne ſont ambicieux, ny flateurs, ny ne veullent tournoyer les places, & murmurer en prieres aux aureilles des citoyens, ilz

ſont

font oubliez ou bien delaiſſez : & eux contens de la ſeule conſcience de bien faire, qui à la verité eſt la vraye recompence de tout homme vertueux, ſe repoſent pacificquement en priué. Et en leur lieu ſe preſentent les rauiſſans abayeurs, qui par audace importune, ſollicitans les aureilles du peuple, emportent les honneurs, peult eſtre auec telle art, & ſi meſchantes intentions, qu'ilz meriteroient treſgrand blaſme & vitupere. Ce ſont ceux qui touſiours preferét leurs ſemblables aux vertueux qui touſiours mettent arriere les bons & entenduz : ayans beſoing d'eſtre conſeruez par les ignorans & mauuais. La nature des ſeigneurs, d'empires & autres gouuernans eſtatz de Republicque, eſt de auoir touſiours pluſgrande ſuſpition des bons que des mauuais, & crainc̄te de la vertu d'autruy, pour ce qu'ilz craignent que ce ſoit occaſion de tirer les bons à plus honorable degré, qu'eux meſmes ne ſont. Ceux qui gouuernent en ceſte ſorte auecq' les mauuais, il leur ſemble pouoir ſeuremét executer leur mauuaiſe intention, ſans atendre peine de celuy qui cómet qui eſt en pareille faulte. De telles occaſions procedent les larrecins, rapines, & extortions de ſubiectz. De là naiſſent les ires & paſſionnez iugementz : & partant toute miſericorde eſt denyée aux pauures vaincuz. Icy ſont tous les mauuais gouuernemens, par leſquelz les nobles & puiſſantes villes ſont deffaictes & ruynées iuſques à la derniere extremité ; pour à quoy ob-

uier

uier (ce que nous deuons vouloir) il fault tousiours conferer les honneurs aux citoyens plus vertueux, meilleurs, & mieux viuans. Les autres qui sans raison se preferent, soiét delaissez & postposez aux meilleurs. Le sainct commandement euangelicque soit obserué, qui exaulce les humbles, & confond les superbes. Ainsi exaulsant les bons, sera tout different d'honneur cessé, si n'estoit pour vtilité publicque, cótendans à qui mieux & plus legitimement gouuerneroit: comme on dict auoir esté en Rome, sans aucune iniure, entre Publius Africanus, & Quintus Metellus. Platon dict que les contendans à qui plustost seruira la Republicque, sont ainsi, comme si les nauigans querelloient à qui premier gouuerneroit la nef, qui ne seroit sans grand peril de tous. Toute contention d'honneur ciuil, sera donc euitée, les conferans tousiours aux plus vertueux & meilleurs citoyens. Entre les maulx domesticques, enuie est encores tresmiserable, & abondamment dommageable, car elle desseche & consomme en priué & en public tout bien ciuil: & aucunefoys est si griefue fureur, qu'elle consent aux propres aduersitez pour veoir l'infamie & dommage de celluy qu'elle a en haine. Par enuie les bons cóseilz sont adnullez, pour assoupir l'honneur de celluy qui en a esté aucteur. Les faictz illustres & singuliers sont souuentesfoys empechez par enuie auec dommage public, pour oster l'honneur de celuy qui les conduit à effect.

Publius Africanus.
Quintus Metellus.
Platon.

Enuie.

Peu

Peu souuent les vertueuses operations, sont extennées auec infamie par celuy qui a enuye sur celuy qui s'exercite en icelles. Ceulx qui cognoissent l'enuyeux receuoir plus grand ennuy que celuy sur lequel il a enuye, & qui n'est iamais sans la cause mouuante, s'efforceront de se garantir de ceste passion. L'enuyeux a douleurs infinies, & bien souuent passions nouuelles: il vouldroit ordinairement que le bien fust osté à celuy sur lequel il a enuye: tousiours dict mal de luy, se plaint, se lamente, courrouce, est atentif, mauuais & plein de toute telle misere, auec peine bien meriter par ce vice. Es premiers gouuerneurs de la Republique Auarice est fort à reprendre, & pareillement soy employer pour le gaing. Entre les Grecz fut iadis côfirmé par l'oracle d'Apollo, qu'en brief temps se debuoit finir l'estat de la ville. Le bien public de laquelle estoit gouuerné par auarice. Il ny a chose qui esmeuue plus les peuples à grand amour que l'abstinence de celluy qui gouuerne. Auarice, & s'en richir du bien public, esmeuuent la haine, d'ou apres s'ensuyuent dommages & extremes ruynes. Pour ceste occasion en Egine ville de Grece, les premiers gouuerneurs furent mis à mort: au moyen dequoy venant l'estat en ruyne se dresserent des discordz si grandes que la ville fut ocupée par les tyrâs, desquelz par cours de temps tous les nobles citoyés dechasez, deffaitz & mis à mort, s'ensuyuit l'extreme ruyne de toute la Republicque, qui au parauant auoit

Auarice.

Oracle de Apollo.

Egine cité en Grece.

long

long temps duré en souuerain estat & grande dignité: & non seulement elle mesme souſrit mais fut occasion de subuertir toute la Grece: pour ce que les Lacedemoniens suyuirent ce train, dont furent espanduz de grans maux par toute la Grece, & en suruindrent certains scandalles qui soubmirent la liberté de plusieurs nobles Republicques bien constituées. L'experience mõstre les effectz d'auarice, que tout bon citoyen doibt fuyr, tant pour ce que c'est chose vilaine & grandement nuysible à la Republique, comme aussi qu'elle trouble la foy de ceux qui gouuernent: car iamais vn peuple ne fera cas de la foy d'vn auaricieux, qui seulement regarde son propre gain. Or nous auons amplement demonstré, en quoy consiste l'vtilité des villes, & quelles choses leur sont nuysibles, nous suyurons donc deux seulz admonnestemens, puis mettrons fin à la presente matiere.

L'vn c'est que par le faux rapport des mesdisans on ne porte hayne, ny procure le desauantage de personne. L'autre que les blandissemens & belles parolles des flateurs qui de guet à pensée cherchent de complaire, n'occupent les espritz des gouuerneurs, en sorte qu'ilz se desuoient des iustes administrations. C'est maintenant assez parlé de l'vtilité ciuile. Parlõs donc des choses qui sont les moins necessaires en vne ville, mais contiennent plus grand apparat & ample renommée des ornementz publicques. Partie d'icelles sont mises en l'insigne

magni-

magnificence des spacieux edifices: partie en l'honorable dignité & grand excellence de la maiesté des magistratz publicques : partie es tresdeuotes celebrations & tresmagnifiques appareilz, qui se font es solemnitez de la culture des Dieux: partie encores es ornementz particuliers, & en l'exemplaire vie des citoyens priuez. La beauté & singulier ornement des edifices se met premierement es claustures publicques, contenans l'estenduë des hautes & fortes murailles de la ville, auec art singuliere, & proprement composées & fortifiées de tours & creneaux, de toute necessaire & plaisante beauté. Elle contient les haultz & superbes palais, pour l'insigne honneur des magistratz. Elle contient la sublimité & grande magnificence des temples sacrez. La conuenable cõposition & beauté des habitations priuées, par lesquelles la dignité de l'homme semble meritoirement decorer, & non toutesfoys du tout chercher par la beauté de sa maison : pour ce que le seigneur ne doibt estre honoré à cause de sa maison, ains sa maison à cause de luy: car ce seroit infamie non petite, si les passans disoient : O digne maison tu es habitée d'vn maistre indigne de toy. Qui vouldroit suyure & parangonner ces edifices aux magnifiques habitations des nobles & excellens citoyens, meriteroit blasme, si premierement il n'auoit surpassé leurs vertuz. En ces ornementz se comprennent les places, marchez, pontz, portiques, ruës, & toute autre partie digne, ample & magnificque: La splendeur & ornement des bien meritez magistratz, est principalement en l'obseruance de la maiesté d'vne Republicque, & en tenant la dignité, l'auctorité & la reputation de l'estat ciuil, & aussi en colloquant dignement, & par degrez, es appareilz publicques, les ordres des moindres dignitez & des autres bien estimez citoyés. Les ministres & seruiteurs, bien habillez & propres, auec signes & liurées honorables: quant aux personnes des vieux peres, ilz seront bien accoustrez, selon que leur estat le requiert, auec gratuité. Et en toute obseruance publique, y ayt pompes solemnelles & dignes de reuerence. La

Religion. religion rend la ville plus magnificque, quand auec admirable reuerence elle est solemnellement celebrée. Elle requiert la reuerende auctorité des prebstres continens, & plus que tous autres bons & honorables. Les vestementz & sacrez paremens de pourpre, & autres varietez soient resplendissantz d'or, & de pierres precieuses, en sorte qu'ilz apparoissent non seulemét magnificques, mais celestes & diuine, le plus que les hommes pourront. Les solemnitez ecclesiasticques & sacrées ceremonies, soient de telle reueréce, qu'il s'en peut obseruer entre les mortelz. Les citoyens priuez font aussi les villes grandement superbes, quand non seulemét dans leurs priuées & domesticques habitations ny encores en la propre ville, ilz administrent l'amplification, la deffence & la dignité, mais en say en fuyuant le monde çà & là, ilz furpaſſent l'induſtrie, les couſtumes, & la vie de tous autres. Leur forme de viure ne doibt eſtre delicate, ny reluyſante, ny auſſi tant vile & miſerable: que elle defaille en ſa propre dignité: ains en tout ſoit conformé au viure approuue de tous les autres, gardant l'vſage de ſes pareilz, qui viuent enſemble liberallement en la propre ville. Il me ſemble mes amys, auoir ſuffiſamment parlé de la vie ciuile, en tant que i'ay peu comprendre en mon eſprit, s'en pouuoir commodément dire: par quoy ſi i'ay ſatisfaict à tout voſtre deſir, i'en ſeray treſioyeux, & auec voſtre licéce mettray fin à ce que au commencemét vous ay promis Si vous voules quelque autre choſe de moy ie ſuyuray de nouueau tout ce que me mõſtrerez vtile & conuenable à la matiere preſente.

FRANC. Vous nous auez ſatisfaictz le plus qu'il eſt poſſible, & contentez auec grande delectation en bonne partie de ce que nous deſirions: toutesfoys ſi la crainte n'eſtoit vice, & il vous plaiſoit, nous cederions à voſtre auctorité, & contrainctz de la reuerence que vous portós, conſentirions auoir eſté ſuffiſamment parlé de ceſte matiere comme vous dites: mais cognoiſſans voſtre bon eſprit, voſtre doctrine & ſi grãde prudence, ſommes treſcertains, que non ſans bon conſeil, vous nous admonneſtez de la fin, non pour vouloir laiſſer l'œuure imparfaicte, ains refrener, & rendre noz entendemens plus enclins à vous ouyr & cognoiſtre, ſi nous entendons

dons diligemment voſtre ordre, & retirons fruit de ce que nous auez dict. Nous auons bien entendu que nous voulez monſtrer celà, quand auez dict: ſi voulez autre choſe de moy: parquoy ſuyuez voſtre matiere, & nous donnez la fin de tout ce qu'auez monſtré par le paſſé, car autrement ce ſeroit demourer à my chemin, & apres grande dificulté, & œuures vertueuſes conduites en peine & mal aiſe, ne retirerions fruict, ny autre recompéce, non plus que celuy qui adonné aux delices du corps, auroit veſtu beſtiallement: & ſi celà eſtoit quant à moy, ie ſuis certain, & croy des autres, que la plaiſante plaine & large voye des delices, ſeroit pluſtoſt ſuiuye, que la dificile & aſpre de vertu. Entendez donc à nous monſtrer, ſi l'homme ayāt veſcu auec vertu, deuient meilleur en vieilleſſe: & quelle recompence on doibt auoir de la vertu.

ANGE. Plus ie deuiſe auecq' vous, & plus me croiſt la bōne opinion que i'ay de voſtre eſprit, & intelligence bien diſpoſée, & trouue continuëllement que l'eſperace ou ferme eſtime, que i'ay de vous, ſe ſurmonte ſoy meſme, tellement qu'en tout temps, ie vous cognois treſaptes, & bien diſpoſez à receuoir tout enſeignemēt d'excellente doctrine. Maintenant il eſt neceſſaire ſuyure comme vous dictes, car ayant bien ordonné, & d'eſcript toutes les autres parties de noſtre vie, il ne ſeroit pas conuenable de laiſſer

Vieilleſſe. la derniere. Reſte donc à parler de vieilleſſe, & de l'extreme partie de la vie humaine. Tel aage
de ſa

de sa nature est fascheuse & griefue: & quand elle s'adionét aux vicieux, elle est moleste, vilaine, & pleine de langueur. La vertu seule la fait legiere, & qu'auec honorable plaisir elle se suporte. Les exercices de ceste aage ne sont point autres que ceulx dont cy deuant auons parlé, entendant par ces vertuz & bonnes artz qu'ilz sont propres de l'esprit. Les autres peines & exercices appartenans au corps doibuent estre delaissez, comme non propres aux vieillardz. Ce qui principallement preste faueur, plaisir & cōfort à l'aage vieil, sont les artz & exercices vertueux, lesquelz ayans esté bien retenuz en chacun aage, ensuyuiz & praticquez, quāt plus lon vit tant plus ilz s'augmétent rendans fruict plus abondant. Telles operations n'abandonnent iamais l'homme, ains sont tousiours presentes delectent, confortent, & rendent la conscience libre, sont l'homme bien disposé en toutes choses & content de tout ce que la necessité de nature nous presente. Nulle chose peult en vieillesse estre plus delectable & ioyeuse, que la cōscience de vie honnestement passée. Rien ne peut estre plus agreable que la memoire des bōs & vertueux faictz. Rien ne peult plus conforter & donner plusgrand esperance d'eternel salut que d'auoir iustement vescu. Cela seulement nous contente en nous mesme, nous honore par dehors, rend vniuerselle vtilité à plusieurs, & conserue tout bien, & est sur toute autre chose conuenable à nostre nature. En retournant

Q donc

donc à l'aage vieil, combien de dignité s'acquiert celuy qui a vescu selon vertu? Quelz propos sont en telz vieillardz? quelz enseignemēs? quelle doctrine? quelle memoire & cognoissance des choses anciennes, science de diverses & bonnes artz, lettres, exemples, conseilz, & toute autre opportunité requise aux necessitez des siens des amys, de la patrie, & de toute autre chose, on doibt recourir au conseil de tel vieillard: luy ne desirant trop les forces du corps exercite l'esprit & trauaille son entendement, en considerations de choses vrayes & choysies: il r'assemble ce qu'il a faict & dict, & ce qu'il void meriter nom, il l'escrit, & rend immortel par les lettres. Voy là comme il consomme en telles artz l'extremité de sa vie, à laquelle il met fin auec honneur & auctorité, en concedant à nature sa necessité. Il laisse bonne renommée à ses enfans, & à ceux qui descendent de luy, & sur tout vne excellente & noble heredité, assauoir la gloire de sa vertu, & la memoire de ses faictz singuliers: parquoy à l'aduenir & par lōg temps sa lignée s'anoblist & deuient treshonorable & digne. Nous auons desormais la fin de nostre intention: & monstre selon nostre iugement auec bon ordre, ce qui est le plus conuenable à la vie approuuée des ciuilz en chascun aage, & en chacun temps soit en priué ou en public, en laquelle ny a riē plus necessaire, que les œuures de iustice: pour ce que sur toute autre vertu, & en toute sorte de vie, iustice obtient

tient la principaulté, & le premier degré de bien viure: & est tant agreable à Dieu, qu'en tout le corps de l'escriture saincte les iustes sont appellez de Dieu bien heureux, & les bienheureux iustes. Iustice seule contient en soy toutes les autres vertuz, & est sufisante à bien & heureusement viure, & sans icelle non seulement la ciuile multitude, mais vne petite compagnie ne pourroit durer. Nature nous appelle à nous gouuerner selon iustice, les loix diuines, & humaines, nous y contraignent, la commune vtilité de tous les hommes nous y efforce, & toutes les escriptures sacrées & moralles le nous requerent. Ceste vertu nous conserue és priuées commoditez, & sur tout autre bien humain est necessaire & vtile és gouuernemens publicques: Au moyen dequoy nous auons plus copieusement traicté de iustice en parlant du viure ciuil, que d'autre vertu: & qui viura auecq' icelle en terre, mesmement gouuernant les Republiques n'aura besoing de prudence, de force, de temperance ou modestie: Il sera au monde conseruateur des peuples & multitudes des hommes estans r'alliez ensemble auecques ciuile vnion. Il n'y a chose en terre plus agreable à Dieu. Encores chacun fidelle chrestien doibt tenir pour certain que viuant (soit en publicq' ou en priué) selon la vie descripte, ou bien qu'auons voulu d'escripre il doit receuoir au ciel eternelle beatitude, laquelle sera de tant plus grande aux iustes gouuerneurs des Republicques, comme le

Q ii bien

bien publicq' est plus grand que le particulier. Les meilleurs & plus excellentz philosophes ont soustenu par tous les siecles que tous les iustes gouuerneurs des Republicques sont venuz du ciel, & s'y en retourneront. Platon quasi à fin de sa Republicque, donne aux ames despouillées des corps des gens de bien, vn lieu entre les corps celestes, auecq' lesquelz on vit bien heureux eternellement. Ciceron aussi en la conclusion de ses liures de Republicque, monstre par Scipion y auoir au ciel certain lieu determiné pour les ames des conseruateurs des Republicques : lequel Scipion le grand, apres sa mort apparoist à Scipion le ieune, & l'exhorte à dignement s'employer pour la Republicque, à ce que sa fin soit de paruenir en ce bien heureux lieu, ou il luy monstre ses predecesseurs & plusieurs autres citoyens qui n'auoient cherché que le salut & accroissement de la Republicque. Or me souuenant de toutes ces choses, il me vient aussi en memoire vn cas que plusieurs foys ay entendu estre miraculeusement aduenu à nostre poëte. Dante lors de la singuliere victoire que les Florentins obtindrent en Campaldin, & que presentement vous veux reciter, pour conforter ceux qui s'employent es faictz publicques, & leur donner à entendre combien bonne & heureuse est la fin des excellens gouuerneurs de Republiques, & puis nous ferons fin à nostre œuure. Dante ieune poëte & & curieux d'honneur, sachant qu'à Casantin se dres-

Platon.

Ciceron.

Dante.
Campaldin.

soit vne furieuse bataille, entre les Aretins & Florentins, & ayant esleu vn sien tresfidelle cōpagnon estudiāt en philosophie, & selon ce tēps des premiers entenduz es lettres & estudes des bonnes artz, s'en alla au camp des Florentins: ou seiournant par quelque tēps, il ayda beaucoup de son conseil, aux conducteurs de l'armée: finalement venu le iour de la bataille, les esquadres rengées d'vne part & d'autre, fut auec douteuse auenture combatu par plusieurs heures : à la fin fortune beneuole, inclina la victoire aux Florentins, qui meirent tous les ennemys en fuytte (non toutesfoys sans grand effusion de sang, & la mort de plusieurs noz citoyens) En ceste bataille Dante s'employa le plus qu'il peut & poursuyuant, les ennemys esquartez & fugitifz euiterent bien peu leurs mains victorieuses & si conquirent auec ceste furie Bibiene & plusieurs autres chasteaux du territoire d'Arege. Brief ilz poursuyuirēt tant leurs ennemys que ilz s'esloignerent de deux iournées du premier lieu ou la bataille auoit esté cōmencée. Le troisiesme iour retournez ou auoient esté les cruelles occisiōs trouuerent parmy les ennemys, plusieurs d'entre eux mortz sur la terre. En vn mesme temps ilz eurent la ioye de leur victoire auec la douleur de leurs amyz perduz, tellement que supportans griefuement l'vn le dommage du parent, & l'autre de son amy, se confortoient & reconsilioient ensemble, se lamentans de l'infortune des decedez. Puis ayans en grande par-

Aretins & Florētins.

Bibiene.

tie

tie adoucy leur douleur auec la glorieuse mort, & consolez de la victoire, d'aucuns plus apparentz & nobles citoyens. Parquoy en cherchãt les corps mortz. Dante auoit par long temps cherché & demãdé nouuelles de son cher cõpagnõ & amy, qui a cause de plusieurs playes, estoit despouillé de ceste mortelle vie, Finallemẽt arriuant ou le corps gisoit, tout soudain voulurent pouruoir au sepulture & mesmemẽt ainsi nauré & blessé qu'il estoit, fut mort ou ressuscité (ie n'en sçay riẽ) il se leua droit deuãt Dante: cõme vif, ainsi qu'à plusieurs l'ay oy affermer. Dante le voyant ainsi leuer contre son esperance, fut grandement esmerueillé, & commença à trembler, & perdit la parolle pour quelque temps, & iusqu'à ce que le blessé luy dit: Arreste ton esprit, & laisse aller toute suspitiõ, car ce n'est point sans ocasiõ, que de grace especialle suis enuoyé par vne lumiere de l'vniuers, pour te reciter ce que i'ay veu entre ces deux vies durant ces trois iours: dispose bien donc ton entendement, & te souuienne de ce que te diray, car il est ordonné que tel secret soit par toy manifesté à l'humaine generation. Quand Dante eut oy ce que dessus, & retourné à soy, postposa la paour & terreur, & parla ainsi. Ce que tu me dis m'est agreable, mais s'il ne t'ennuye, dy moy à quoy tu es maintenãt reduit, à fin que i'entende quelle grace t'a conserué en telle disposition, durant ces trois iours auec tãt de playes mortelles sans nourriture ou autre secours. Grandement me desplaist (respõd

le

le blessé) que ne te puis satisfaire en tout, & volontiers te le dirois si ie pouuois, mais prendz de moy ce qui est possible, car ie ne puis promettre d'auantage. Saches que lors qu'on ordonnoit noz esquadrons, cognoissant les ennemys puissans, ie fu si surpris de crainte, que tout effrayé en moy mesme ie voulois eslire la fuitte & abandonner nostre cãp: auquel propos tousiours perseueray iusques à ce que Vierre de Sercles (les proësses duquel furent ce iour là le salut de noz exercites) picquant droit en la plusgrosse presse d'ennemys dict: Qui vouldra sauluer la patrie si me suyue. Quand i'eu attendu ces parolles, & voyant que luy trestriche & bien estimé sur tous noz autres citoyés, se mettoit auec son nepueu & vn sien propre filz en si grand peril, & quasi à mort trescertaine pour l'amour de la patrie, ie me reprins de sorte, qu'en moy mesme condemné ma faulte, & reprenant courage de trescraintif, deuins treshardy me disposant de audacieusement combatre, abandonner la vie & tout autre propre bien, pour le salut du païs. Auec telz propos, & acompagné de plusieurs autres, ie suiuy la hardiesse & audace de Vierre, & vaillamment combatant contre l'audacieuse impetuosité des ennemys (qui en grand hardiesse se deffendoient) & donnasmes, & receusmes plusieurs coups, dont sur le champ d'vne part, & d'autre tomboient beaucoup de mortz, iusqu'à ce qu'à la fin nous vainqueurs eusmes taillé en pieces les deux premiers rancz. Or estans desia

Vierre de Sercles.

Q iiii laz

Guillemin Aretin. Iaz & trauaillez, suruint Guillemin chef & president des ennemys, auec vne fraîsche compagnie de soldatz bien experimentez en l'art militaire qui se meit en bataille, auec si grand hardiesse & chappliz des nostres que certes la victoire s'enclinoit grandement de leur costé, sinon que me sentant commeu de telz dommages, requerant à Dieu ayde en noz trauaulx, ie picque impetueusement le cheual entrant au milieu de la presse ennemye & droict à Guillemin chef de tous, & côme fut le plaisir de Dieu d'vn coup mortel le iectay par terre, puis enuirôné de tous les siens me defendiz long temps, mais finalement defaillent la vigueur à mes membres pour les playes que tu me vois, ie leur laissé de moy vne sanglante victoire & bien vengée. Ie commence maintenant à varier en moy mesme, & ne pourrois bien satisfaire à ta demâde, si ie demouray au corps, ou si hors de mô premier corps ie viuois en autre, mais certes i'estois vif & des griefz membres me sentois empesché côme celluy qui ne se peult ayder quand il songe de son peril: car sans sauoir comment ie me trouue prochain d'vne luysante rotondité hors de toute mesure, & que mes yeux n'auoient iamais comprise. Il me sembloit que par la lueur d'aultruy elle s'emparoit de si grande splendeur, qu'elle en donnoit lumiere à toute la terre. Or i'estoys fort desireux d'y entrer: mais ie me sentois en moy mesme tout reserré, ny mes forces n'auoiêt pouoir. Lors vn certain vieillard de honorable auctorité s'apparut à moy, semblable à vne emperiere maiesté que i'auois plusieurs foys veuë en painctute. Le voyant ie commençay à trembler, & luy me prenant la main dextre, me dist: Demoure & retiens en memoire tout ce que ie te diray. Par ces parolles restaure en partie luy fist responce en voix tremblant. Pere s'il t'est loysible, & que ne sois indigne de tel bien, ie te prie ne te soit moleste me dire qui tu es auant que entrer en plus long propos. Volontiers dit il: Saches qu'en terre on me nommoit Charlemagne. Ce m'est grande grace (dis ie) de te voir empereur sainct, & à genoulx luy baisay les piedz, puis releué luy diz. Charles non seulemét la grádeur & gloire de tes faictz singuliers, mais l'excellence encores de tes vertuz, la mansuetude, clemence, grande iustice, & ordonné moyen de tous tes dictz & faictz, honorez de la doctrine & estude des diuines & humaines lettres font que meritoirement tu sois apellé grand:& certes ta renommée & gloire (comme il est bien raisonnable (dure & durera tousiours tresnotoire. Pour la foy chrestienne tu as combatu contre plusieurs nations, Espaigne, Flandres, Gaule, & iusques en la derniere terre de Breraigne, & Hybernie as suppedité & renduz fidelles : puis retourné à reparer les miseres d'Italie, qui desia par cinq cens ans estoit serue des Barbares la deliuras des mains du tyran, Desiderius mettant fin à la fureur des tresdommageables lombartz. Le sainct pere iniurié, & par plusieurs foys mys

Charle-maigne.

Desiderius tyrant.

hors

hors de sa dignité, a esté par toy restitué en l'antique honneur & premier estat de la chaise apostolicque. L'empire par plusieurs siecles abandonné, a este par toy releué en sa premiere dignité, & en toy seul se reserua le salut des chrestiens, & grand partie du monde fut par toy reparée & sauluée. Comme ie voulois passer oultre, ce sainct pere m'interrompant dist: Tu parles auec moy en superfluité, retardant ce qui te sera contant, arreste ton esprit, & cognois que tu es au mylieu de l'vniuers. Tous ces corps immesurables qui respandent si grãd lumiere sur toy, & que par eleuation d'entendement se peuuent contempler, sont eternelz & premieres ocasions de ce qu'ilz se conseruent immuables. La partie estant dessoubz toy, est toute muable, & par necessité à elle imposée des supernelles stabilitez, varie continuellement & endure. Cela qui par

Nota. sa propre vertu en faisant son operation nourrit cecy & toutes autres choses, engendre les premieres occasions par l'eternel mouuement de tout l'vniuers. De là sont tous les animaux en terre, ce qui volle par l'air, & toutes les merueilles que la mervague nous cache entre ses vndes les mẽbres fragiles, & tout le corps mortel sont de ceste partie inferieure, que ie t'ay dit estre mu-

Homme. able, soustenue d'ardante vigueur, qui auec sa mesure se diffond en iceux. Aux hõmes leur est donnée l'ame de ces corps eternelz, qui sont reluysans, clairs, & animez de diuin entendement pour se gouuerner admirablemẽt. Ce qui est en
nous

nous de ces corps inferieurs, & corruptibles est seruile, mortel, & commun a nous & aux bestes: parquoy estans soubmis aux passions terrestres, ilz seront du tout aueuglez, suppeditez, & vaincuz, & sans aucun regard d'honnesteté adonnez aux delices du sens, & ressembleront aux bestes. Mais l'entédement de diuine nature par necessité ferme, stable, commande de par Dieu & impose loy aux apetitz. Celuy qui n'obeissant presume de soy & suyt sa volonté, desprise le commandement de ce Dieu, auquel appartiennent ces cieux, & tout ce que tu voys: Et pour ce comme serf infideile & rebelle à la loy, luy clost ces portes, par lesquelles ie vins à toy, & ne veult que par icelles il retourne en sa cité, parquoy il demeure eternellement en la partie, ou il s'est plus delecté. Laquelle vous appellez enfer, comme nous faisons qui sommes du ciel. Quelque part que les ames soient recluses es infernaulx confins, elles sont en mort, pour ce qu'elles sont degetées de la simple & indiuiduelle fonteine de leur nature. A ceste cause ce qu'en terre vous appellez vie, est vne mort certaine, & ceux là viuent seulement qui obeissans à Dieu, apres que ilz sont desliex de lyens corporelz, se trouuent transportez en ce ciel. Ceste grand lumiere (iusques à laquelle tu es paruenu de toy mesmes (est la Lune que tu voy se decorer de la lumiere de autruy, comme vous dictes en terre. Ie te prometz que ie deuins merueilleusement estonné, ny iamais ne leusse recogneuë tant me sembloit

Enfer.

dif-

difforme & differente à celle que lon veoit en terre, car elle surpassoit de grandeur nostre mesure. Et pour reuerence que i'euz, ne vouluz l'interrompre, & il suyuit. C'est le limite d'entre la vie & la mort : d'icy en amont toute chose est ioye eternelle & immortelle liesse : dessouz sont tous les maulx, tourmentz, & peines qui se peuuent soustenir. Cestuy là est l'aueugle monde, ou est Lethe & Acheron, Stix, Cocitus & Flegeton. Là bas gardent les loix Radamant & Minos, soubz le iugement, desquelz nul innocent est absoult. Là bas sont les Voultours, se repaissans des cœurs inconsumables : Là est le lieu, ou entre les viandes delicates lon meurt de faim : là est la rouë qui estraint auec dentz renuersées & aigues, & celuy qui la tourne à force de l'estomac elle le tue, & aussi le paoureux qui craint & en reçoit maulx innumerables. A brief dire c'est le centre ou tout tourment est cuysant. Chaaron conduit le tout : Pluton & Cerberus deuorent toutes choses. L'ame enferrée es lyens corporelz, tombe aiséement en ruyne dans cest enfer par les portes ouuertes. Celà donc qui nous est penible, est de retourner là sus & saillir aux estoilles supernelles, pour ce que par voye contraire conuient que t'agriffes aux siecles lumineux. La voye du premier salut, est de retenir les appetitz souz la conduicte de l'ame, à fin que ne semblions mespriser la parole de Dieu consignée pour nostre salut. Rien ne se faict en terre plus agreable à Dieu que aymer iustice, clemence,

Lune.

Chaaron.
Pluton.
Cerberus.

ce, & pieté: & combien que ces choses soient grandes en chascun, si est ce qu'elles sont sur toutes autres tresgrandes en la patrie. Aux conseruateurs de laquelle la voye du ciel est amplement ouuerte, pour les conduyre en ces lieux perpetuelz que tu vois presentemēt. Oyant ces motz, ie luy demande auec crainte & reuerence s'il m'estoit permis de passer par telles lumieres eternelles. L'amour ardēte (ce dit il) seulement qui te feit si courageusement combatre en Campaldin pour le salut de ta patrie te rend digne de tel bien: ny Dieu ne commande point que ces portes soient ouuertes si liberallemēt à nulz autres que aux gouuerneurs des Republicques conseruans la multitude des citoyens, ensemble legitimement r'alliez en vnion & conioincte dilectiō. Ceste charité qui remploye au salut vniuersel, me fut tousiours reseruée en terre pour ma guide, & maintenāt elle me contente au ciel de plusgrand bien entre les bien heureux: & tant m'en plaist encores la vertu que ça bas entre les mortelles œuures, ie me faiz son amy: pour ceste cause quād i'ay veu que pour l'amour de ma Florence (laquelle i'ay autrefoys mise en terre) tu estois mort, ie suis descendu iusqu'à toy, pour te monstrer la gloire attendue de chascun, qui y sera vigilāt en salut. Ce disant, me tira d'vne ombre, comme la lumiare est tirée d'vne lanterne, & me trouue legier & bien disposé, & apres luy me mis en la premiere des lumieres eternelles: ou il me dit: regarde ce pédant que nous allons,

com-

LE QVATRIESME LIVRE

commēt l'vniuers est colligé ensemble de neuf rotonditez. Le bas qui au milieu est ferme pour centre, & auquel retumbēt toutes les circonstantes pesanteurs, te doit desormais estre bien notoire: Voy en iceluy ta terre cōbien elle te semble desia diminuée, & du ciel te semblera quasi vn pertuis d'esguille. La lumiere ou nous sommes, est la moindre des sainctes lumieres plus que nulle autre esloignée du ciel & voisine à la terre. Voy comme des raiz du Soleil elle s'allume & reluyt. Mercure s'adioinct à icelle, & faict son tour auec admirable celerité. Venus tresclaire est celle qui se promeut au tiers degré, au tour du Soleil. Voy le Soleil qui en son ordre est mis au milieu de tous, comme guide & prince des autres lumieres, illustrant auec sa lueur toute chose: tellement que pour ce qu'il se monstre seul en terre entre les celestes lumieres, il est nommé Soleil. Cest autre qui plus rougit & semble horrible, est Mars: puis nous entrons en Iupiter bening & reluysant: & Saturne est le dernier s'adioignant auec le ciel. Arriuez lors iusques là vne admirable contemplation me surprint, car ie veiz innumerables estoilles, que iamais ie n'auois veuë de terre, & leur grandeur surpassoit toute conception d'homme: le ciel se monstroit orné de tant & si diuers signes, qu'il sembloit bien auoir esté faict par vn excellent & diuin maistre. Il estoit distinct en diuerses regions par deux fois cinq signes. L'vn desquelz aparoissoit plus que l'autre resplandissant de splendide blan-

Mercure.
Venus.
Soleil.

Mars.
Iupiter.
Saturne.

cheur

cheur, & entre lueurs esclairans de flammes e-
stincellantes. Deux portes apparoissoient en i-
celluy regardans diuerses regions, l'vne auoit *Granchio.*
pour signe le Cancre: l'autre en plus haulte si- *Capricor-*
tuation le Capricorne. Le Soleil auecq' le plus *ne.*
hault degré monté, iusques à icelles, marquoit
son chemin. Dedans ces portes (dict ma guide)
sont les bié heureux: puis aduerty qu'il n'estoit
licite aux hommes d'y entrer par la plus haulte,
me mist dedans par la porte du Cancre. Et moy
tout estonné dirois en vain (si toutesfois dire le
pouuois) le grand nombre & saincte geste des e-
ternelles creatures, qui sans terme s'esiouïssent
en ce ciel: mais ie penserois bien dire verité si ie
disois que pour chacun homme qui a vescu au
monde, il y a milliers de celestes creatures. Ie vy
les ames de tous les citoyés qui auec iustice ont
gouuerné leur Republicque: entre lesquelz ie
cogneuz, Fabrice, Curie, Scipion, Metelle, & plu
sieurs autres qui postposerent eux leurs vies &
leurs biens au salut de leur patrie, desquelz vouloir maintenant parler seroit sans fruict. Alors
Charles tout ioyeux estat retourné deuers moy,
me dist: Tu peux voir maintenant pour certain
que les hômes ne sont mortelz, ains est la chair
qui meurt en eux. L'hôme n'est pas ce que mô-
stre sa forme, ains comme est l'entendement, tel
est l'homme, lequel nourrissant bien son ame se
conioinct auec Dieu, & comme chose eternelle
dure eternellement. Rien n'est plus excellente
au monde, que s'exerciter auecques bonnes artz
en

en faictz singuliers. Nulle œuure entre les hõmes peult estre meilleure que pouruoir au salut de la patrie, cõseruer les villes, & maintenir l'vnion & concorde des multitudes & assemblées. Et quiconque s'exercitera en ces choses auant toute autre, viura content eternellement en ces diuins sieges (comme en sa propre maison) auec les autres bien heureux : car ce est le lieu d'ou sont venuz les conseruateurs des Republiques en terre, & auquel ilz doiuent retourner. Dante auoir entendu en grand merueille telle reuelation voulut respondre: & puis que tu m'as signifié si excellente recompence, ie m'efforceray en toute diligence de suyure en celà : mais le commécer & tomber le corps de son amy mort, fut en vn mesme temps. Au moyen dequoy, apres auoir assez attendu s'il se releueroit, pouruent à la sepulture, & s'en retourna vers l'exercite.

Fin de la vie Ciuile, imprimé à Paris par Estienne Groulleau Libraire, pour luy, Iean Longis, & Vincent Sertenas.
1557.